외식 창업자를 위한 주방장의

노하우
비법노트

Ⅲ. 탕류편

외식 창업자를 위한 주방장의

Ⅲ. 탕류편

2014. 4. 28. 1판 1쇄 인쇄
2014. 5. 5. 1판 1쇄 발행

저자와의
협의하에
인지 생략

지은이 장형심
펴낸이 이종춘
펴낸곳 BM 성안당
주소 121-838 서울시 마포구 양화로 127 첨단빌딩 5층(출판기획 R&D센터)
　　　413-120 경기도 파주시 문발로 112(제작 및 물류)
전화 02-3142-0036
　　　031-955-0511
팩스 031-955-0510
등록 1973. 2. 1. 제13-12호
출판사 홈페이지 www.cyber.co.kr

ISBN 978-89-315-7711-2(13590)
ISBN 978-89-315-7714-3(세트)
정가 26,000원　.

이 책을 만든 사람들
기획 최옥현
사진 스튜디오 외식과 창업 김현기, 스탭 김두현
교정 이용화
본문·표지디자인 想 company
홍보 전지혜
마케팅 구본철, 차정욱, 채재석, 강호묵
제작 김유석
협찬 (주)에릭스, 신월동 현대주방

외식 창업자를 위한 주방장의

노하우
비법노트

Ⅲ. 탕류편

BM 성안당

추천사

명품 음식점을 만들기 위한 조건

노하우 비법 노트 교재는 창업자가 필수적으로 읽고 외워야 하는 필독서로 성공적인 창업을 원하신다면 꼭 준비하세요!
특히 장형심 원장님은 조리기능장과 메뉴 개발 분야 최고의 권위자로 많은 외식업을 성공적으로 컨설팅하는 전문가이기도 합니다.

성공한 식당들은 과거의 흐름에서 얻은 교훈을 바탕으로 현재를 일궈 내는 능력이 대부분 탁월합니다. 21세기에 외식 사업으로 성공하려면 미래의 변화 추이를 예측하고 철저하게 준비해야만 합니다.
과거와 현재 그리고 미래에 성공을 했거나 할 식당들의 핵심적인 성공 요소들은 각각 다를 것입니다. 성공적인 경영은 구성원과 조직이 현재의 트렌드를 제대로 읽고 또 그에 따른 정교한 지식들을 얼마만큼 습득하고 있는가에 달려 있습니다. 이 책에서는 트렌드를 읽는 경영이 얼마나 소중하고 피할 수 없는 대세인가를 일목요연하게 꼬집어 들어가고 있습니다. 더불어 외식 경영자에게 그런 마인드를 갖도록 경각심을 더욱 불러일으켜 줄 것입니다.
현재 외식 업계는 빈사 상태에 놓여 있습니다. 치열한 경쟁, 대기업의 참여, 요동치는 경제, 소비자 욕구의 다양함 등으로 나날이 어려워지고 있습니다.
최근 통계에 따르면 자영업자 신고 업체 중 1년 내에 문을 닫는 업소가 25% 정도 된다고 합니다. 업종별로 살펴보면 이들 중 85%가 외식 업소들이라고 합니다. 그 이유는 경영 능력 부족, 경기 불황, 과열 경쟁, 대형 업체 출현 등으로 해석되고 있습니다. 우리 나라의 외식 사업은 현재 혼돈기입니다. 그동안 양적 팽창을 위주로 성장해 온 데 따른 부산물입니다. 생존 경쟁이 뒤따르면서 혼탁한 질서가 만연되고 있기도 합니다. 선진의 인구 통계학적 공식으로 보면 우리 나라 음식점의 적당한 수는 현재 70여 만 업소 중 대략 70% 정도 선입니다.
현재 영업하고 있는 외식 업체 중 제대로 경영 성과를 올려 돈을 버는 비율은 10% 정도에 불과하고, 40~50% 정도는 현상 유지를, 나머지는 업종 전환 또는 폐업하는 것을 고려하고 있다고 합니다. 또 최근 3년 동안 창업 업소 수와 폐업 업소 수의 통계 자료를 보면 전자는 총 20만 개가 조금 넘고, 후자는 17만 개 정도라고 합니다. 이는 신규로 오픈하는 수는 줄고 기존의 식당들은 문을 계속 닫고 있다는 반증입니다. 살아남은 식당들도 어려운 경영이 지속될 것으로 전망됩니다. 높은 인건비, 높은 재료비, 높은 임대료, 높은 세금, 높은 카드 수수료, 유가 상승으로 인한 높은 광열비 등을 감안하면 풀어야 할 과제가 한두 가지가 아닙니다.

우리는 흔히 주변에서 장사가 잘 되는 음식점을 두고 "그 음식점 대박 났어!"라고 말합니다. 대박집과 쪽박집의 차이는 과연 어디에 있을까요? 돼지고기를 재료로 장사하는 업소를 예를 들어 보면, 돼지갈비하면 사용하는 재료는 별 차이가 없을 것입니다. 그러나 운영하는 정도에 따라 성공과 실패의 명암은 명확하게 갈립니다. 과연 대박집은 '어떻게 운영하길래, 그리고 그 성공의 비결은 무엇일까'하고 생각해 보게 됩니다.

필자는 13년 동안 프라자 호텔에서 조리사 생활을 하면서 직접 접촉한 고객들을 상대로 일일이 고객 일지를 써 본 적이 있습니다. 고객들이 선호하는 음식과 메뉴를 기록해 두기 위해서였습니다. 이 기록 과정에서 아주 중요한 사실을 발견했습니다. 문제가 있거나 해결해야 하는 사안들이 발견될 때마다 정답은 항상 고객이 가르쳐 주곤 한다는 것입니다. 따라서 이처럼 훌륭한 정보를 주고 대안을 마련해 주는 고객을 왜 만족시켜 주지 못하는가, 왜 그 고객을 우리 업소의 단골 고객 또는 충성 고객으로 만들지 못하는가라는 원론적인 물음에 도달하곤 했습니다. 그것은 원칙과 관심이 부족했기 때문입니다.

자전거를 타고 무악재를 넘어 남대문 시장에서 장사를 한 적이 있었습니다. 싣고 간 물건을 많이 팔고 집으로 돌아오는 날의 무악재는 낮아 보이고 발걸음 역시 가벼웠지만, 그러지 못할 경우의 날은 무악재가 백두산만큼이나 높아 보여 넘기가 힘겨웠고 발걸음 또한 무겁기만 했던 기억이 새롭습니다. 전국에는 70여 만 개의 음식점이 있습니다. 대부분의 경영주들은 항상 어렵다고만 합니다. 하지만 아직도 희망은 있습니다.

음식점이란 정말 투자해 볼만한 가치가 있다고 확신합니다. 한해 국가 예산이 220조 원에 달합니다. 여기서 외식 산업이 차지하는 비중이 44조 원(20%)에 이릅니다. 이런 거대 산업임에도 불구하고 지금도 제대로 된 시스템을 발견하기란 그리 쉬운 일이 아닙니다. 외식업을 현장에서 직접 경험했고 또 강단에서 가르치는 입장에서 외식인의 한 사람으로 현실에 많은 책임감을 느낍니다.

치열한 경쟁 속에 살아남는 비결은 어디에 있을까? 그것은 다름 아닌 연구와 노력에 있습니다.
때론 고3 수험생처럼 시간과 물질을 바탕으로 우리 점포만의 음식, 서비스, 판촉 전략 등을 시스템화하고 매뉴얼화하여 다른 경쟁 점포가 따라오지 못할 명품 음식점을 만들어 가야 합니다.

상명님 혜선대학교 호텔조리외식계열 교수
관광경영학 박사
(사)한국조리학회 수석부회장
(사)한국조리기능인협회 직전회장

머리말

얼마 전에 우연한 모임 자리에서 재미나는 이야기를 주고받은 적이 있습니다.

아주 유명한 설렁탕집이 있었는데, 그 집의 노하우 비법은 아들도 모르고, 며느리도 모르는 비법이었습니다. 오직 주인 할머니만 알 수 있는 비법이어서, 늘 주변 사람들이나 아들·며느리도 뭔가 특별한 노하우 비법이 숨어 있을 거라는 생각을 하게 되었습니다.

많은 세월이 흘러 어느덧 주인 할머니가 마지막 임종을 앞두고, 아들에게 다음과 같은 노하우 비법을 전수하게 되었는데,

"나의 설렁탕 노하우는… 노하우 비법은… 조미료 세 바가지……"

나는 이 이야기를 듣고는 박장대소를 하며 웃었습니다.

20여 년을 넘게 음식 연구와 개발, 벤치마킹, 그리고 오랜 시간을 유명한 프렌차이즈 본사 메뉴 컨설턴트로서 창업에 대한 메뉴와 스펙을 만드는 동안 많은 노하우 비법을 만들었지만, 결국에는 우리가 기대하는 아주 특별한 노하우 비법은 생각보다는 많지 않았습니다.

소상공인진흥원에서 노하우 비법 컨설턴트로 활동하면서 많은 자영업자를 만나 상담하다 보면, 안타까운 모습을 종종 볼 수 있었습니다. 마치 음식을 만드는 데 특별한 노하우가 없어서 장사가 잘 안 된다고 믿고 있으면서도 가장 기본인 전자저울 하나 갖추어 놓지 않고는 매장에 맞지도 않는 그저 남의 장사 잘 되는 음식의 노하우 비법만 알려 달라고 떼를 쓸 때가 종종 있었습니다.

참으로 안타까운 모습입니다.

음식의 노하우는 어찌 보면 단순한 두세 가지의 배합에서 나옵니다. 오늘날의 외식업은 몇 년 전의 창업 시장하고는 확연히 다른 노하우 비법만으로는 성공할 수 없는 시대입니다.

따라서 필자는 외식업을 준비하는 분들과 현재 외식업의 노하우 비법을 궁금해 하는 분들을 위해 그 동안 연구하고, 모아 두었던 가장 기본인 음식 맛의 비법을 외식 창업주들에게 조금이나마 도움이 되길 간절히 바라는 마음으로 노하우 비법 노트 책을 집필하게 되었습니다.

어렵게 준비한 노하우 비법 노트 책을 통하여 필자가 당부하고 싶은 말은,

첫째, 이 책을 기본 바탕으로 나만의 레시피를 연구하고 만들어 운영하는 본인 매장의 노하우로 만들고,

둘째, 주먹구구식의 레시피가 아닌 정확한 계량을 원칙으로 노하우를 만들며,

셋째, 음식 맛이란 열 명이 먹어서 다 만족할 수 없으므로 약 70%가 만족하는 맛이 나오면 흔들리지 말고 그 맛을 유지하여 추진력을 가지고 오픈하라는 것입니다.

마지막으로 현시대에는 음식 맛만이 꼭 성공을 보장하는 것이 아니라, 세상과 나의 주변과 내가 타협할 수 있어야만 창업의 성공을 맛볼 수 있다라고 말하고 싶습니다.

부족한 부분이 많지만, 노하우 비법 노트 책이 외식업 점주님이나 외식 창업을 준비하는 모든 분들에게

조금이나마 디딤돌이 되어 준다면 필자는 많은 보람을 느낄 수 있을 것입니다.

노하우 비법 책을 준비하기까지 많은 도움을 주신 성안당 출판사 호당 이종춘 대표님과 최옥현 국장님 외에 어려운 환경 속에서도 변함없이 촬영에 도움을 준 Photographer 김현기 친구, 책을 집필하는 수개월 동안 제대로 집안 살림을 돌보지 못해도 불평불만 없이 잘 지내준 소중한 가족들, 처음 노하우 비법 노트 책을 집필할 수 있도록 우연한 인연을 만들어 주신 김태곤 국장님, 노원구 장애인총연합회 이홍주 회장님과 혜전대학교 호텔 외식 계열 최고의 강병남 교수님 외 저를 아낌없이 지원해 주신 모든 분들께 이 지면을 통하여 감사의 마음을 전합니다.

향후 저는 많은 분들의 도움으로 한 걸음씩 나아가 우리 나라의 외식 창업에 조금이나마 이바지할 수 있도록 끝없는 연구와 개발에 앞장서는 것이 아낌없이 도움 주신 모든 분들의 뜻이라 생각하며, 더욱 전진할 수 있도록 노력하겠습니다.

끝으로 노하우 비법 노트 책을 읽어 보시는 모든 외식 창업자 여러분, 현재 외식 창업이란 과거의 외식 창업하고는 확연히 다르며, 경쟁자가 더 많고 더 힘든 시절입니다. 이러한 어려운 시기일수록 그 속에 기회가 있다는 것을 명심하시길 바라며, 힘들고 어려울 때 노하우 비법 노트 책이 조금이라도 도움이 되길 간절히 바랍니다.

외식 창업을 준비하시는 분들이나 현재 외식 창업을 시작한 모든 창업자 여러분~~

늘 긍정적인 마인드로 힘내시고, 여러분의 외식 창업이 꼭 성공하시길 바라겠습니다.

감사합니다.

국가조리기능장

외식과 창업 원장 **장형심**

Contents

추천사   004

머리말   006

노하우 비법 노트 책의 장·단점에 대하여   011

외식 창업 프로세스 사업 계획서의 의의 및 작성 방식   012

나의 사업 계획서 작성해 보기   014

필수! 외식 창업하기 전 31가지, 이것만큼은 꼭 체크해 보자   016

창업에 대한 기본 절차   018

일반음식점 영업의 시설 기준   022

외식 창업에 필요한 서류 절차에 대하여 체크해 보기   027

매장에 필수! 일일 체크하는 습관을 길들이자   028

노하우 비법 노트 탕류편

1. 갈낙전골   032

2. 불낙전골   034

3. 곱창전골   036

4. 버섯불고기전골   038

5. 해물전골   040

6. 낙지전골   042

7. 황태콩나물국   044

8. 콩나물냉국   046

9. 옛날육개장   048

10. 사골해장국   050

11. 우거지해장국   052

12. 시락국   054

13. 굴해장국   056

14. 순대국   058

15. 도토리묵사발   060

16. 삼계탕   062

17. 녹두삼계탕   064

18. 찹쌀누룽지백숙   066

19. 초계탕   068

20. 오리영양백숙   070

21. 궁중삼계탕   072

22. 한방전복약백숙   074

23. 들깨견과삼계탕   076

24. 전복삼계탕   078

25. 통감자닭볶음탕   080

26. 아귀탕   082

27. 영양닭곰탕   084

28. 연포탕   086

29. 해물짬뽕탕   088

30. 영양꼬리곰탕   090

31. 도가니탕　092

32. 인삼갈비탕　094

33. 서더리탕　096

34. 알탕　098

35. 숭어수제비매운탕　100

36. 우럭매운탕　102

37. 생가리비해물탕　104

38. 묵은지감자탕　106

39. 뼈해장국　108

40. 설렁탕　110

41. 동태탕　112

42. 꽁치통조림김치찌개　114

43. 통돼지김치찌개　116

44. 의정부부대찌개　118

45. 해물부대찌개　120

46. 사골부대찌개　122

47. 차돌박이된장찌개　124

48. 해물된장찌개　126

49. 청국장찌개　128

50. 생콩비지찌개　130

51. 돼지불백찌개　132

52. 순두부찌개　134

53. 굴순두부찌개　136

54. 묵은지찌개　138

55. 섞어찌개　140

56. 짜글짜글찌개　142

57. 병어양념조림　144

58. 갈치무조림　146

59. 가자미간장조림　148

60. 묵은지고등어조림　150

메뉴에 어울리는 찬류

1. 오징어젓갈무침　154

2. 과일야채샐러드　155

3. 연근조림　156

4. 겉절이　157

5. 땅콩조림　158

6. 두부조림　159

7. 풋고추된장무침　160

8. 미니새송이버섯야채볶음　161

9. 콩나물겨자채　162

10. 야채전　163

11. 감자잡채　164

12. 비름나물된장무침　165

13. 깻잎나물볶음　166

14. 단호박조림　167

15. 쥐포채볶음　168

16. 고추무생채　169

17. 애호박나물　170

18. 야채달걀말이　171

19. 무말랭이무침　172

20. 마늘종무침　173

육수와 각종 양념/ 면류·반죽 만들기

육수와 각종 양념/면류·반죽 24종　176

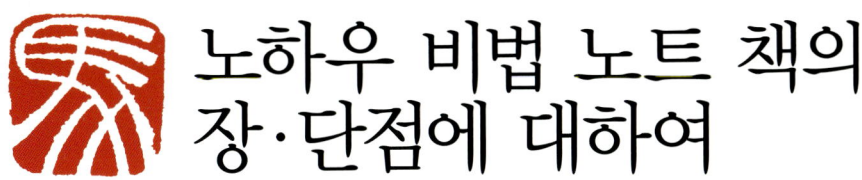

노하우 비법 노트 책의 장·단점에 대하여

1. 노하우 비법 노트 책의 장점을 간략히 설명하면 다음과 같습니다.

하나. 업소에서 사용할 수 있는 메뉴 비법에 중점을 두었습니다.

둘. 메뉴에 맞는 식재료의 사용량을 그램으로 표기하고, 원가 계산을 할 수 있도록 준비했습니다.

셋. 소스 및 양념을 제대로 만들 수 있도록 그램(g)으로 표기하고, 개개인이 본인의 노하우 비법을 연구하고 만들 수 있도록 양념과 소스 매뉴얼을 별도로 표기했습니다.

넷. 복잡한 방식보다는 간략하게 만드는 방식으로 중요한 노하우 비법만 담았습니다.

다섯. 여러 가지로 응용할 수 있도록 같은 메뉴라도 소스와 양념 만드는 법이 각각 조금씩 다르게 만들었습니다.

여섯. 수백 가지의 메뉴를 종류별로 나누어 4권으로 만들었고, 이 중 스페셜 메뉴만을 엄선하여 합본호 한권으로 정리하고, 필요한 부분만 구입 후 배울 수 있도록 정리했습니다.

2. 노하우 비법 노트 책의 단점은 다음과 같았습니다.

하나. 일반 요리책과는 다르게 만드는 과정을 자세히 설명하지 않았습니다.

둘. 전문 서적의 책으로 구성되어, 초보자에게는 다소 어려운 부분이 있습니다.

셋. 각각의 식재료 회사의 저작권에 의해 재료 명칭은 명시되지 않았습니다.

　예시) 소고기 분말 / 조미료 / 사골 엑기스 등등

노하우 비법 노트 책에 나와 있는 소고기 분말 / 조개 분말 / 사골 엑기스 등등 기타 친밀한 재료도 있지만, 생소한 재료명도 기재되어 독자들에게는 다소 어려움이 있을 거라는 생각이 듭니다.

노하우 비법 노트에 사용되는 재료의 명칭을 하나하나 넣고 싶었으나, 각각 회사들의 상호 저작권에 의해 사용할 수 없었던 점을 너그러이 이해해 주시길 바랍니다.

따라서, 노하우 비법 노트 책을 참고삼아 식재료에 대해 연구하고, 나만의 노하우 비법을 만들 수 있는 좋은 기회라고 긍정적으로 생각해 주신다면 감사하겠습니다.

늘 연구하고 노력하는 모습으로 항상 여러분 곁에 가까이 있겠습니다.

외식 창업 프로세스 사업 계획서의 의의 및 작성 방식

1. 사업 계획서의 의의

외식 사업이 점점 더 많은 변화가 있는 현시대에는 창업 시장에서 성공 여부를 판단할 수 있는 가장 기본 바탕이 되는 것이 바로 사업 계획서입니다.

아무런 계획 없이 무작정 창업을 준비하는 것보다는 꼼꼼히 사업 계획서를 작성하면 무엇이 부족하고, 무엇을 할 것인지, 어떤 것이 나에게 맞는지에 대하여 다시 한 번 더 점검할 수 있습니다.

창업 사업 계획서는 다음과 같은 틀에서 작성을 하고, 부족한 부분을 채워 나아갈 수 있도록 합니다.

2. 외식 창업 프로세스 사업 계획서 작성하기

1) 창업 현황
가. 업소 개요(업체명 / 업태 및 종목 / 사업장 장소 / 사업장 현황 소유)
나. 창업자 인적 사항(성명 / 주소 / 주민등록번호 / 최종 학력 / 경력 사항 / 특기 사항)

2) 사업 계획
가. 창업 동기
나. 사업 내용
다. 메인 메뉴 및 사이드 메뉴
라. 매장의 차별화 전략 계획
마. 시설 및 개업 절차 계획
바. 종업원 채용 계획
사. 홍보 전략 및 판촉 마케팅 계획

3) 소요 자금 및 조달 계획
가. 창업 소요 자금
나. 자금 조달 계획 및 방법
다. 홍보·마케팅 비용 계획

4) 입지 및 상권 분석

가. 입지 계획

나. 상권 분석

5) 시장 현황 및 전망

가. 현시장 현황

나. 경쟁 업체 현황 및 가격

다. 경쟁 업체의 핵심 경쟁 요소 분석

6) 매출 추정 및 손익 계산서

가. 투자 계획

나. 추정 손익 분기점

다. 손익 산출 내역

라. 타당성 분석

나의 사업 계획서 작성해 보기

1. 창업 현황

가. 업소 개요	
업체명	
업태 및 종목	
사업장 장소	
사업장 현황 소유	
나. 창업자 인적 사항	
성명	
주소	
주민등록번호	
최종 학력	
경력 사항	
특기 사항	

2. 사업 계획

가. 창업 동기	
나. 사업 내용	
다. 메인 메뉴 및 사이드 메뉴	
라. 매장의 차별화 전략 계획	
마. 시설 및 개업 절차 계획	
바. 종업원 채용 계획	
사. 홍보 전략 및 판촉 마케팅 계획	

3. 소요 자금 및 조달 계획

가. 창업 소요 자금	
나. 자금 조달 계획 및 방법	
다. 홍보·마케팅 비용 계획	

4. 입지 및 상권 분석

가. 입지 계획	
나. 상권 분석	

5. 시장 현황 및 전망

가. 현시장 현황	
나. 경쟁 업체 현황 및 가격	
다. 경쟁 업체의 핵심 경쟁 요소 분석	

6. 매출 추정 및 손익 계산서

가. 투자 계획	
나. 추정 손익 분기점	
다. 손익 산출 내역	
라. 타당성 분석	

필수! 외식 창업하기 전 31가지, 이것만큼은 꼭 체크해 보자

• 필수! 외식 창업하기 전 31가지, 이것만큼은 꼭 체크해 보자.

1. 창업 자금은 자기 자본으로 준비했는가?	
2. 외식업에 대하여 기본 지식은 있는가?	
3. 고객들이 원하는 외식 음식의 요구 파악이 충분한가?	
4. 외식 창업에 대한 컨셉트는 정했는가?	
5. 나에게 긍정적인 마인드가 충분한가?	
6. 창업하기 전 가족들과 원만한 의논을 했는가?	
7. 평소 외식 창업에 대한 경험 및 적성이 맞는가?	
8. 마라톤을 달릴 수 있는 강한 의지가 있는가?	
9. 사업 계획은 충분히 세웠는가?	
10. 창업에 대한 차별화된 전략을 세웠는가?	
11. 외식 창업 전문가와 상담을 했는가?	
12. 창업 후 3개월 정도 유지할 수 있는 비용은 준비되어 있는가?	
13. 과도한 대출을 받지 않았는가?	
14. 발로 뛰면서 상권 조사를 해 보았는가?	
15. 인터넷이나 이론적 강의, 본인 고집으로만 창업을 준비했는가?	
16. 외식 창업을 쉽게 생각해 본적은 없는가?	
17. 프렌차이즈 본사를 하겠다는 꿈만 꾸고 창업을 시작하지는 않았는가?	
18. 유사 업종에 대한 경력은 충분한가?	
19. 마땅히 할 것이 없어서 창업을 준비하지는 않았나?	
20. 외식 창업을 해서 성공한다는 남들의 얘기에 시작하지는 않았나?	
21. 3~4개월 이상 창업 준비 기간을 가졌는가?	
22. 성급한 마음으로 창업에 대한 촉박한 계약을 하려고 했는가?	
23. 외식 창업의 사회적 흐름에 대하여 파악을 했는가?	
24. 단순히 유행하는 아이템을 선정하지는 않나?	

25. 현 사업장 인수 시 과도한 권리금에 대하여 한 번 더 계산해 보았나?	
26. 호화스러운 상권에 현혹되어 무리한 투자를 하지는 않았는가?	
27. 계약 전 업소의 인허가 사항에 대하여 다시 점검해 보았는가?	
28. 외식 창업에 대하여 현실적인 목적을 세웠는가?	
29. 자본 부족으로 인해 동업을 준비하는가?	
30. 음식에 대하여 기본 지식도 없이 주방장만 믿고 시작하는가?	
31. 외식 창업 노하우만큼은 내가 만들어야 된다는 생각이 있는가?	

"외식과 창업"을 운영하면서, 수많은 예비 창업자 및 현재 창업하여 사업을 운영 중인 업주분들과의 상담을 주고 받 은 적이 많았습니다.

예비 창업자들은 현실성이 부족한 부분이 많았고, 현재 창업자 분들은 현실성을 뒤늦게 알고도 부족한 부분에 대하여 보충을 하는 것보다는 가능성 없는 부분에 미련을 못버리는 습관이 있다는 것을 알게 되었습니다.

한때는 외식업으로 인해 쉽게 돈을 벌던 시절이 있었으나, 하루가 다르게 변하는 요즘 세상은 그 시절을 먼 옛날 얘기라고 해도 과언은 아닙니다.

인터넷이 보급되고, 걸어 다니면서도 스마트하고 빠르게 정보를 알 수 있는 현대에는 어떠한 것으로 창업을 했더니 성공했더라 ~~ 하고 소문이 나면, 급속도로 창업이 늘어나는 세상이 되어 버렸습니다.

어느 거리를 자주 오가다 보면, 커피 전문점이 하나둘 생기더니 어느새 카페 거리가 형성이 되어 있기도 합니다.

흔히 나눠 먹기 상권이 성립된 것입니다.

이러한 현실에 우리는 살고 있고, 수많은 예비 창업자들은 성공하는 창업을 꿈꾸고 있습니다.

1년에 창업을 준비하고, 창업을 시작하는 인구가 전국 80만 명쯤 된다는 이야기를 전해 들은 적이 있습니다.

과연 그 많은 예비 창업자들이 다 성공할 수 있을까요?

꿈을 꾸고, 창업을 한다는 것은 참으로 아름답고, 멋진 일인 것은 분명합니다.

하지만, 반드시 현실에 맞게 창업을 준비하기 위하여 한 번쯤 되짚어 보는 것도 중요하다는 생각이 들어, 오랜 경험을 바탕으로 외식 창업을 준비하고 계신 예비 창업자들에게 미력하나마 작은 도움이 되길 간절히 비리는 마음으로 '필수! 외식 창업하기 진 31가지, 이것만큼은 꼭 체크해 보자'를 만들었습니다.

외식 창업하기 진 반드시 체크해 보시길 바랍니다.

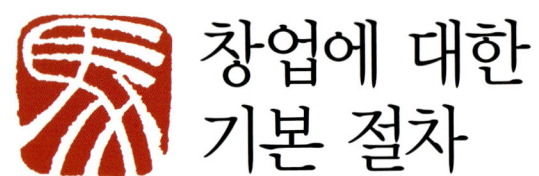

창업에 대한 기본 절차

1. 창업 기본 절차

창업을 하기 전 창업 환경은 어떠하고 창업자의 자질과 적성은 맞는지… 창업 자금의 규모는 얼마로 할 것이며 어떤 업종으로 사업을 할 것인지… 사업성은 있는지… 인·허가 사항과 회사 설립 절차는 어떻게 하는지 등 창업 전반에 대한 절차를 이해해야 창업을 효율적으로 할 수 있습니다.

이러한 절차를 이해하지 못한 경우에는 창업 기간이 지연되고 창업 과정에서 엄청난 고생을 해야 합니다. 따라서 창업자는 철저한 사업 준비와 더불어 효율적인 창업 과정을 이해하고 숙지하며 성공 창업으로 이끌어야 합니다.

2. 일반적인 창업 절차

창업 환경 검토 → 창업자 적성 검사 → 투자 규모 결정 → 아이템 탐색 및 검토 → 사업의 형태 결정 → 사업 타당성 분석 → 사업 계획서 작성 → 인·허가 사항 검토 → 개업 준비 → 오픈

3. 창업의 단계별 검토 내용

1) 창업 환경 검토
창업자는 창업 전 창업 환경을 파악할 필요가 있습니다. 창업을 왜 하는가에 대한 방향 설정과 창업을 하기에 적합한 여건이 조성되어 있는지 그리고 창업 및 경영에 대한 이론이 학습되어 있는지를 점검해야 합니다. 창업은 마치 자전거를 타고 달리는 것과 같습니다. 자전거에 올라타면 계속 앞으로 달려야 합니다. 달리지 않으면 쓰러지듯 창업도 이와 마찬가지입니다.

2) 창업자 적성 검사
바보는 천재를 이길 수 없고, 천재는 노력하는 사람을 이길 수 없고, 노력하는 사람은 즐기면서 일하는 사람을 이길 수 없다고 합니다. 즉 자기 적성에 맞는 아이템 선택이 성공 창업을 가져온다는 이야기입니다. 성공적인 창업은 주어지는 것이 아니라 만드는 것입니다.

많은 전문가들은 창업의 성공 여부를 개인의 기질과 밀접한 관계가 있다고 합니다. 그렇다면 나에게는

창업의 기질이 있는가? 사람은 누구나 스스로 내리는 결정에 따라 성장해 나갑니다. 바로 그 결정이 자기 곁에 있는 기회를 잡을 수도 있고 놓칠 수도 있습니다.

자기의 잠재력을 발휘해 나감으로써 매일매일 즐거움을 찾아낼 수 있을 것입니다. 그러기 위해서는 우선 나의 적성을 검사할 필요가 있습니다. 인간의 직업 적성을 탐색하기 위한 방법은 크게 3가지로 나눌 수 있습니다.

가. 능력을 중심으로 측정하는 직업 적성 검사

나. 흥미 중심의 직업 적성 검사

다. mbti(성격 유형 검사)

3) 투자 규모 결정

창업을 추진하기 위해서는 동원 가능한 자금의 규모와 실제 투자할 자금 규모를 결정하여야 합니다. 도·소매업이나 서비스업에 비해 제조업이 더 많은 자금을 필요로 합니다. 또한 도·소매업의 경우에도 취급 상품이나 점포 규모 등에 따라 자금 규모에 많은 차이가 있습니다. 서비스업의 경우에도 서비스업의 종류와 유형에 따라서 적은 자본이 필요한 경우가 있는가 하면 도·소매업에 비해서 훨씬 많은 자금이 소요되는 경우도 흔히 있습니다.

4) 아이템 탐색 및 검토와 사업의 형태 결정

아이템 선정은 창업의 가장 중요한 요소입니다. 중소기업청에서 창업 실패 사례를 조사한 결과 1위가 바로 아이템 선정이 잘못되었다는 것입니다. 어떤 제품을 팔 것인가? 하는 실질적인 사업 내용을 결정하는 것으로 창업을 하려는 사람의 전공과 적성, 취미, 자금 능력, 주변 여건 등을 충분히 고려한 후 업종 및 아이템을 선택하여야 합니다.

5) 사업 타당성 분석

사업 타당석 분석이란 추진하려는 사업을 체계적으로 점검하여 성공 가능성이 없는 사업은 포기하고 실패 요인을 사전에 제거하여 추후 발생할 손실을 예방하기 위한 분석을 말합니다. 사업 타당성 분석은 신규 사업에 있어서는 필수적인 작업입니다. 즉 사업 타당성 분석은 창업을 하기 위해서는 반드시 거쳐야 하는 첫 번째 관문입니다,

중소기업은 물론이고 소규모 개인사업이라도 필수적으로 작성해야 합니다. 왜냐하면 추진하고자 하는 사업이 객관적이고 체계적이라는 것을 검증하기 위한 것이기 때문이고 본인이 할 수 없으면 비용을 들여

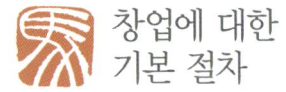
서라도 외부 전문가와 제 3자에게 최종 검토를 의뢰하는 것이 바람직합니다.

6) 사업 계획서 작성

사업 계획서는 추진할 구체적인 사업 내용과 세부 일정 계획 등을 기록해 놓은 것으로 창업 과정에 있어서 계획 사업에 관련된 제반 사항을 담고 있습니다. 사업 계획서는 창업자 자신을 위해서는 사업 성공의 가능성을 높여 주는 동시에 계획적인 창업을 가능케 하며 창업 기간을 단축시켜 주고 창업에 도움을 줄 제 3자 즉 출자자, 금융 기관, 매입처, 더 나아가 일반 고객에 이르기까지 투자의 관심 유도와 설득 자료로 활용도가 매우 높습니다.

최근 정부에서도 각종 금융 기관이나 투자 기관들을 통해 중소기업을 위한 금융 지원의 폭을 넓히고 있습니다.

7) 인·허가 사항 검토

창업자는 창업 전 추진 사업에 대해 어떤 인·허가 사항이 필요한지를 확인해야 합니다. 허가를 받지 않고 사업을 하는 경우 각종 행정 규제를 받게 됨은 물론 법을 어기는 결과를 초래하게 됩니다.

8) 개업 준비 및 오픈

위의 과정을 거친 후 사업 계획서의 추진 일정에 따라 개업을 해야 합니다. 법인의 경우 먼저 법인 등기를 한 후 사업자 등록을 신청해야 합니다.

(한국외식업중앙회 자료 제공)

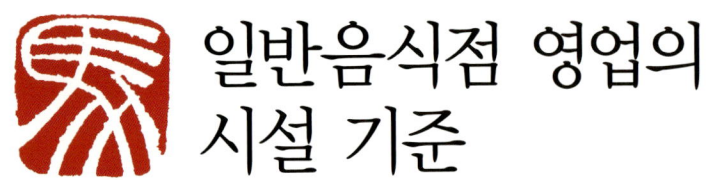

일반음식점 영업의 시설 기준

일반음식점 영업 신고를 하기 위해서는 영업에 필요한 시설을 갖춘 후 영업 신고서와 「식품위생법 시행규칙」 제27조 제1항에서 정한 서류를 첨부하여 신고 관청에 제출해야 합니다.

1. 일반음식점 영업의 시설 기준

일반음식점 영업을 하기 위해서는 「식품위생법」 제36조, 「식품위생법 시행규칙」 제36조 및 [별표 14]에서 정하고 있는 식품접객업의 공통 시설 기준과 업종별 시설 기준에 적합한 시설을 갖추어야 합니다.

2. 식품접객업(일반음식점) 공통 시설 기준

일반음식점을 포함하여 식품접객업에 공통적으로 적용되는 시설 기준은 다음과 같습니다.

3. 공통 시설 기준(식품접객업)

일반음식점을 포함하여 식품접객업에 공통적으로 적용되는 시설기준은 다음과 같습니다.

1) 영업장
독립된 건물이거나 식품접객업의 영업 허가 또는 영업 신고를 한 업종 외의 용도로 사용되는 시설과 분리되어야 합니다. 다만, 일반음식점에서 「축산물위생관리법 시행령」 제21조 제7호 가목의 식육판매업의 영업을 하려는 경우에는 분리되지 아니하여도 됩니다.
가. 영업장은 연기·유해 가스 등의 환기가 잘 되도록 해야 합니다.
나. 음향 및 반주 시설을 설치하는 영업자는 영업장 내부의 노래소리 등이 외부에 들리지 아니하도록 방음 장치를 해야 합니다.
다. 공연을 하고자 하는 휴게음식점·일반음식점 및 단란주점의 영업자는 무대 시설을 영업장 안에 객석과 구분되게 설치하되 객실 안에 설치해서는 아니 됩니다.

2) 조리장

조리장은 손님이 그 내부를 볼 수 있는 구조로 되어 있어야 합니다. 다만, 영 제7조 제8호 바목에 의한 제과점영업소로서 동일 건물 안에 조리장을 설치하는 경우와 「관광진흥법 시행령」 제2조 제1항 제2호 가목 및 같은 항 제3호 마목에 따른 관광호텔업 및 관광공연장업의 조리장의 경우에는 그러하지 않습니다.

가. 조리장 바닥에 배수구가 있는 경우에는 덮개를 설치해야 합니다.

나. 조리장 안에는 취급하는 음식을 위생적으로 조리하기 위하여 필요한 조리 시설·세척 시설·폐기물 용기 및 손 씻는 시설을 각각 설치해야 하고, 폐기물 용기는 오물·악취 등이 누출되지 아니하도록 뚜껑이 있고 내수성 재질로 된 것이어야 합니다.

다. 1인의 영업자가 하나의 조리장을 2 이상의 영업에 공동으로 사용할 수 있는 경우는 다음과 같습니다.

❶ 동일 건물 안의 같은 통로를 출입구로 사용하여 휴게음식점·제과점 영업 및 일반음식점 영업을 하려는 경우

❷ 「관광진흥법 시행령」에 따른 전문휴양업, 종합휴양업 및 유원시설업 시설 내의 동일한 장소에서 휴게음식점·제과점 영업 또는 일반음식점 영업 중 2 이상의 영업을 하려는 경우

❸ 일반음식점 영업자가 일반음식점의 영업장과 직접 접한 장소에서 도시락류를 제조하는 즉석 판매제조·가공업을 하려는 경우

❹ 제과점 영업자가 식품제조·가공업의 제과·제빵류 품목을 제조·가공하려는 경우

❺ 제과점 영업자가 기존 제과점의 영업 신고 관청과 같은 관할 구역에서 5킬로미터 이내에 둘 이상의 제과점을 운영하려는 경우

• 조리장에는 주방용 식기류를 소독하기 위한 자외선 또는 전기 살균 소독기를 설치하거나 열탕 세척 소독 시설(식중독을 일으키는 병원성 미생물 등이 살균될 수 있는 시설이어야 합니다. 이하 같다)을 갖추어야 합니다.

• 충분한 환기를 시킬 수 있는 시설을 갖추어야 합니다. 다만, 자연적으로 통풍이 가능한 구조의 경우에는 그러하지 않습니다.

• 식품 등의 기준 및 규격 중 식품별 보존 및 보관 기준에 적합한 온도가 유지될 수 있는 냉장 시설 또는 냉동 시설을 갖추어야 합니다.

3) 급수 시설

수돗물이나 「먹는물관리법」 제5조에 따른 먹는물의 수질 기준에 적합한 지하수 등을 공급할 수 있는

시설을 갖추어야 합니다.

- 지하수를 사용하는 경우 취수원은 화장실·폐기물 처리 시설·동물 사육장, 기타 지하수가 오염될 우려가 있는 장소로부터 영향을 받지 아니하는 곳에 위치해야 합니다.

4) 화장실

화장실은 콘크리트 등으로 내수 처리를 해야 합니다. 다만, 공중화장실이 설치되어 있는 역·터미널·유원지 등에 위치하는 업소, 공동화장실이 설치된 건물 내에 있는 업소 및 인근에 사용하기 편리한 화장실이 있는 경우에는 따로 화장실을 설치하지 아니할 수 있습니다.

가. 화장실은 조리장에 영향을 미치지 아니하는 장소에 설치해야 합니다.

나. 정화조를 갖춘 수세식 화장실을 설치해야 합니다. 다만, 상·하수도가 설치되지 아니한 지역에서는 수세식이 아닌 화장실을 설치할 수 있습니다.

다. 수세식이 아닌 화장실을 설치하는 경우에는 변기의 뚜껑과 환기 시설을 갖추어야 합니다.

라. 화장실에는 손을 씻는 시설을 갖추어야 합니다.

4. 공통 시설 기준의 적용 특례

1) 다음의 경우에는 공통 시설 기준에 불구하고 시장·군수 또는 구청장(시·도에서 음식물의 조리·판매행위를 하는 경우에는 시·도지사)이 시설 기준을 따로 정할 수 있습니다.

가. 「전통시장 및 상점가 육성을 위한 특별법」 제2조 제1호에 따른 전통시장에서 음식점 영업을 하는 경우

나. 해수욕장 등에서 계절적으로 음식점 영업을 하는 경우

다. 고속도로·자동차전용도로·공원·유원시설 등의 휴게 장소에서 영업을 하는 경우

라. 건설 공사 현장에서 영업을 하는 경우

마. 지방자치단체 및 농림수산식품부 장관이 인정한 생산자 단체 등에서 국내산 농·수·축산물의 판매 촉진 및 소비 홍보 등을 위하여 14일 이내의 기간에 한하여 특정 장소에서 음식물의 조리·판매 행위를 하고자 하는 경우

2) 농어촌 체험·휴양 마을 사업자가 농어촌 체험·휴양 프로그램에 부수하여 음식을 제공하는 경우에는 「도시와 농어촌 간의 교류 촉진에 관한 법률」 제10조의 영업 시설 기준을 따릅니다.

3) 다음의 경우에는 각 영업소와 영업소 사이를 분리 또는 구획하는 별도의 차단벽이나 칸막이 등을 설치하지 아니할 수 있습니다.

가. 백화점, 슈퍼마켓 등에서 휴게음식점 영업 또는 제과점 영업을 하고자 하는 경우

나. 음식물을 전문으로 조리하여 판매하는 백화점 등의 일정 장소(식당가)에서 휴게음식점 영업·일반음식점 영업 또는 제과점 영업을 하고자 하는 경우로서 위생상 위해 발생의 우려가 없다고 인정되는 경우

5. 업종별 시설 기준(일반음식점)

1) 객실

가. 잠금 장치 : 일반음식점의 객실에는 잠금 장치를 설치할 수 없습니다.

나. 특수 조명 시설 : 일반음식점의 객실 안에는 무대 장치, 음향 및 반주 시설, 우주볼 등의 특수 조명 시설을 설치해서는 안 됩니다.

2) 칸막이

가. 객석에는 높이 1.5미터 미만의 칸막이(이동식 또는 고정식)를 설치할 수 있습니다.

나. 이 경우 2면 이상을 완전히 차단하지 아니해야 하고, 다른 객석에서 내부가 서로 보이도록 해야 합니다.

3) 안전 시설 등

가. 영업장으로 사용하는 바닥 면적(「건축법 시행령」 제119조 제1항 제3호에 따라 산정한 면적을 말함)의 합계가 100제곱미터(영업장이 지하층에 설치된 경우에는 그 영업장의 바닥 면적 합계가 66제곱미터) 이상인 경우에는 「다중이용업소의 안전 관리에 관한 특별법」 제9조 제1항에 따른 소방 시설 등 및 영업장 내부 피난 통로, 그 밖의 안전 시설을 갖추어야 합니다. 다만, 영업장(내부 계단으로 연결된 복층 구조의 영업장은 제외)이 지상 1층 또는 지상과 직접 접하는 층에 설치되고 그 영업장의 주된 출입구가 건축물 외부의 지면과 직접 연결되는 곳에서 하는 영업을 제외합니다.

단, 일반음식점 영업장에는 손님이 이용할 수 있는 자막용 영상 장치 또는 자동반주 장치를 설치해서는 아니 됩니다. 다만, 연회석을 보유한 일반음식점에서 회갑연, 칠순연 등 가정의 의례로서 행하는 경우에는 그렇지 않습니다.

나. 기차·자동차·선박·유선장·도선장 또는 수상레저사업장을 이용하는 경우

기차·자동차·선박 또는 수상 구조물로 된 유선장·도선장 또는 수상레저사업장을 이용하는 경우 다음 시설을 갖추어야 합니다.

❶ 1일의 영업 시간에 사용할 수 있는 충분한 양의 물을 저장할 수 있는 내구성이 있는 식수 탱크

❷ 1일의 영업 시간에 발생할 수 있는 음식물 찌꺼기 등을 처리하기에 충분한 크기의 오물통 및 폐수 탱크

❸ 음식물의 재료(원료)를 위생적으로 보관할 수 있는 시설

다. 영업장 넓이가 150제곱미터 이상인 일반음식점 영업소는 「국민건강증진법」 제9조 제4항에 따라 해당 영업소 전체를 금연 구역으로 지정하거나 영업장 면적의 2분의 1 이상을 금연구역으로 지정해야 합니다.

4) 시설의 개수 명령(적합한 시설을 갖추지 못한 경우)

가. 시장·군수·구청장은 영업자에 대하여 그 영업 시설이 「식품위생법」 제36조, 「식품위생법 시행규칙」 제36조 및 [별표 14]에 따른 시설 기준에 적합하도록 기간을 정하여 개수를 명할 수 있습니다(「식품위생법」 제74조 제1항).

나. 건축물의 소유자와 영업자 등이 다른 경우 건축물의 소유자는 시설 개수 명령에 따른 시설의 개수에 최대한 협조해야 합니다(「식품위생법」 제74조 제2항).

다. 위 시설 개수 명령에 따르지 않는 영업자는 500만 원 이하의 과태료를 부과받게 됩니다(「식품위생법」 제101조 제2항 제8호).

5) 형사 처벌

가. 「식품위생법」 제36조에 따른 시설 기준에 위반한 영업자는 3년 이하의 징역 또는 3천만원 이하의 벌금에 처해집니다(「식품위생법」 제97조 제4호).

(한국외식업중앙회 자료 제공)

외식 창업에 필요한 서류 절차에 대하여 체크해 보기

1. 외식 창업 인·허가 절차에 관한 준비 및 체크 사항 점검하기

1. 영업 장소 건물의 용도가 근린 생활 시설 일반음식점으로 되어 있는지 소재지 관할 구청 지적과에 건축물 대장을 확인했나?	
2. 영업장 면적에 따른 정화조 용량이 정확한지 소재지 관할 구청 청소행정과에서 확인이 되었는가?	
3. 병원 또는 보건소에서 본인 외 종업원/아르바이트생 등등의 보건증을 발급받았나?	
4. 음식업협회에서 식품접객업 위생교육을 받고, 위생교육필증을 교부받았나?	
5. 액화석유가스 사용 완성 검사필증을 교부받았나?	

2. 영업 신고하기

1. 구비 서류	위생교육필증 / 보건증 / 액화석유가스 사용완성 검사필증 / 교동채권 / 매입필증 / 수입증지(28,000원) / 면허세(18,000원)
2. 영업 신고 소재지	관할 구청의 환경위생과(영업 신고 후 영업허가증 교부받기)

3. 사업자 등록하기

1. 사업자 등록 기관	관할 소재지 세무서
2. 구비 서류	개인사업자 등록 신청서 1부(세무서 비치)/임대차 계약서/사업허가증(영업허가증 사본 1부)
3. 사업자 등록 기간	음식점 영업 신고 후 사업을 시작한 날 20일 이내 및 사업 개시 전 신청 가능함.

매장에 필수! 일일 체크하는 습관을 길들이자

하루하루 체크하는 습관으로 식재료의 재고를 알아보고, 위생 점검 및 주방 관리 안전을 점검해 봅니다.

하루하루 체크하는 위생 점검표

월   일 (요일)   체크 담당자 :

점검 체크 항목	점검 리스트	결 과
개인 위생 점검	1. 위생복 / 위생모 / 앞치마 / 머리가 깨끗한가?	
	2. 안전화는 깨끗하고, 바르게 신고 있는가?	
	3. 손톱에 매니큐어 / 액세서리 상태는?	
	4. 손에 상처 또는 손톱 길이는?	
주방 및 주변 환경 위생 점검	1. 주방 바닥 트렌치 청소가 잘 되어 있는가?	
	2. 배수가 제대로 되고 있는가?	
	3. 냉장고 / 냉동고 온도가 맞게 유지되고 있는가?	
	4. 냉장고 정리와 청소 및 야채가 투명봉투에 담겨져 있는가?	
	5. 행주 / 칼 / 장갑 / 도마는 일일 소독을 하고 있는가?	
	6. 음식 세척용 고무장갑과 청소용 고무장갑이 분리되어 있는가?	
	7. 음식물 쓰레기통이 깨끗이 닦여 있는가?	
	8. 식기 세척기 물은 하루 세 번 이상 바꿔 주는가?	
식재료 및 양념류 유통 기한	1. 양념류에 대한 유통 기한은 확인했는가?	
	2. 사용하고 남은 캔 제품의 보관 방법은 정확히 알고 있는가?	
	3. 식재료의 보관 상태는?	
	4. 재고로 남은 식재료의 보관 상태 및 사용 기한을 알고 있나?	
	5. 각각 통에 옮겨 담은 양념류에 대하여 유통 기한 표시를 했나?	
	6. 냉장이 필요 없는 양념류는 올바른 보관 방법을 선택했나?	
	7. 밀가루 및 설탕, 기타 양념에 뚜껑이 바르게 덮여 있는가?	
기타 사항	1. 보건증 유효 기간 1개월 단위로 확인했나?	
	2. 하루하루 위생 점검표를 체크하는가?	
그 외 자체적으로 체크 리스트 항목 넣기		

하루하루 식재료 체크하는 검수표

월   일 (요일)   체크 담당자 :

식재료 및 공산품	체크 리스트 품목	상 태			전달 사항
주재료		상	중	하	
부재료		상	중	하	
생선류		상	중	하	
육류		상	중	하	
과일류		상	중	하	
건어물		상	중	하	
생선류		상	중	하	
두부		상	중	하	
달걀		상	중	하	
김치류		상	중	하	
쌀 및 잡곡류		상	중	하	
주야채류		상	중	하	
부야채류		상	중	하	
고춧가루		상	중	하	
고추장		상	중	하	
간장		상	중	하	
기타 양념류		상	중	하	
각종 공산품		상	중	하	
구매 사항					
재고 현황					
기타 의견					

노하우 비법 노트 탕류편

갈낙전골

갈낙전골 양념 배합비

재료(약 20인분 이상)	중량	원가 산출
소고기 육수	200g	
진간장	500g	
설탕	50g	
소고기 분말	20g	
조미료	10g	
파인애플즙	30g	
양파즙	50g	
갈은 마늘	250g	
갈은 생강	20g	
굴소스	100g	
정종	50g	
고춧가루	250g	
후춧가루	2g	
소고기 엑기스	50g	
소금	10g	

갈낙전골 세팅 재료 및 중량

재료(2~3인분)	중량	원가 산출
삶은 소갈비	5대	
낙지	2마리	
양파	80g	
대하	3개	
모시조개	100g	
미나리	70g	
홍고추	20g	
대파	70g	
갈은 마늘	30g	
미더덕	60g	
새송이버섯	60g	
팽이버섯	40g	
해물 육수	1kg~	
무	150g	
단호박	3쪽	

● 갈낙전골 양념 배합하기

1. 소고기 육수(소고기 육수 만드는 법은 177페이지 참조)에 간장/설탕을 넣어 섞는다.
2. 섞은 양념에 고춧가루를 풀고, 준비한 양념을 넣어 골고루 섞어 놓는다.
3. 24시간 냉장 숙성 후 사용한다.

● 갈낙전골 만들기

1. 소갈비는 찬물에 담가 핏기를 제거하고, 물에 월계수잎/통후추/소주/생강/통마늘을 넣고, 센불(30분)/중불(30분)/약불(30분)로 불 조절을 하며 삶아 건진다.
2. 낙지는 굵은 소금과 밀가루를 넣고 조물조물 주물러서 씻어 놓는다.
3. 모시조개와 미더덕/대하도 깨끗이 씻어 놓는다.
4. 준비된 야채는 먹기 좋게 썰어 놓는다.
5. 전골냄비 바닥에 무를 깔고, 삶아 놓은 갈비/모시조개/미더덕/대하를 넣고, 갖은 야채와 숙성 양념장/해물 육수(해물 육수 만드는 법은 178페이지 참조)를 붓고 끓인다.
6. 끓이는 중간쯤 낙지와 미나리를 넣어서 살짝 한번만 더 끓여서 완성한다.

■ **고수의 노하우 포인트**
• 별도의 청양고추를 넣어 얼큰한 맛을 내기도 한다.

불낙전골

불고기 양념 배합비

재료(고기 3kg)	중량	원가 산출
생수	150g	
간장	450g	
갈은 양파	50g	
요리당	70g	
흑설탕	150g	
갈은 마늘	150g	
조미료	3g	
소고기 분말	10g	
배즙	150g	
정종	100g	
후춧가루	1g	
참기름	10g	

불낙전골 양념 배합비

재료(약 20인분)	중량	원가 산출
소고기 육수	300g	
진간장	500g	
설탕	100g	
소고기 분말	20g	
조미료	10g	
파인애플즙	30g	
양파즙	50g	
갈은 마늘	100g	
갈은 생강	20g	
굴소스	100g	
정종	50g	
고춧가루	200g	
후춧가루	2g	

불낙전골 세팅 재료 및 중량

재료(2~3인분)	중량	원가 산출
숙성 불고기	200g	
불린 당면	150g	
양파	80g	
당근	40g	
낙지	2마리	
미나리	40g	
홍고추	20g	
대파채	70g	
갈은 마늘	30g	
느타리버섯	60g	
새송이버섯	60g	
팽이버섯	40g	
소고기 육수	800g~	
무	150g	

● 불고기 양념 배합하기

1. 정량의 물에 간장/요리당/흑설탕/조미료/소고기 분말을 넣고 거품기로 섞어 준다.

2. 섞여진 양념에 갈은 양파/배즙/갈은 마늘을 넣고 잘 섞은 후, 나머지 재료인 후춧가루/정종을 넣고 마지막에 참기름을 첨가시킨 후 소고기에 넣고 버무려 냉장 숙성한다.

● 불낙전골 양념 배합하기

1. 소고기 육수(소고기 육수 만드는 법은 177페이지 참조)에 간장/설탕을 넣고 섞는다.

2. 섞은 양념에 고춧가루를 섞고, 준비한 양념 재료를 넣어 골고루 배합시킨다.

3. 24시간 숙성 후 사용한다.

● 낙지 손질하기와 불낙전골 만들기 및 세팅하기

1. 낙지는 굵은 소금과 밀가루를 넣어서 조물조물 주물러가며 씻어 놓는다.

2. 불고기는 양념에 버무려 냉장 숙성 후 사용한다.

3. 준비된 야채는 먹기 좋게 썰어 놓는다.

4. 전골냄비 바닥에 무를 나박나박하게 썰어서 깔아 주고, 숙성된 불고기를 담고, 갖은 야채와 숙성시킨 양념장/소고기 육수를 붓고 끓인다.

5. 중간쯤 낙지와 당면을 넣어 주고, 미나리도 넣어 한번 살짝 끓여서 완성한다.

■ 고수의 노하우 포인트
• 불고기는 양념에 숙성시켜서 사용하면 깊은 맛이 나지만, 숙성 기간이 3일 이상 길어지면 고기가 물러지는 현상이 발생한다.

 곱창전골

곱창전골 양념 배합비

재료(약 20인분)	중량	원가 산출
소고기 육수	200g	
고추장	200g	
굵은 고춧가루	300g	
매운 고춧가루	60g	
국간장	200g	
설탕	30g	
조미료	10g	
소고기 분말	20g	
다진 마늘	150g	
다진 생강	60g	
소주	200g	
굴소스	100g	
까나리액젓	50g	
천일염	10g	
후춧가루	3g	
소고기 엑기스	50g	

곱창전골 세팅 재료 및 중량

재료(2~3인분)	중량	원가 산출
손질된 곱창	200g	
손질된 양	100g	
양파	80g	
당근	40g	
소주	20g	
쑥갓	40g	
홍고추	20g	
대파	70g	
갈은 마늘	30g	
느타리버섯	60g	
새송이버섯	60g	
팽이버섯	40g	
소고기 육수	800g~	
무	150g	
떡국 떡	50g	

● 곱창전골 양념 배합하기

1. 소고기 육수(소고기 육수 만드는 법은 177페이지 참조)에 고춧가루와 고추장을 골고루 섞는다.
2. 배합된 1번 양념에 간장과 준비된 양념장을 넣어 골고루 섞이도록 배합시킨다.
3. 배합시킨 양념은 24시간 냉장 숙성 후 사용한다.

● 곱창 손질하기와 곱창전골 만들기 및 세팅하기

1. 곱창은 굵은 소금으로 주물러 핏물을 빼고, 밀가루를 넣고 주물러 가며 깨끗이 씻어 놓는다.
2. 양은 바깥쪽의 검은 껍질과 안쪽의 흰 막을 제거시켜 놓는다.
3. 끓는 물에 월계수잎 / 통후추 / 편생강 / 된장 1큰술을 넣고 소주를 부어 곱창을 삶아 놓는다.
4. 양은 먹기 좋게 썰어 놓는다.
5. 양과 곱창은 숙성된 양념에 버무린 후 재워 놓는다.
6. 준비한 각종 야채는 먹기 좋게 썰어 놓는다.
7. 전골팬에 무를 나박나박하게 썰어서 깔고, 준비한 야채를 담고, 재워 놓은 양과 곱창을 넣는다.
8. 소고기 육수를 곱창전골에 붓고 끓이다가 마지막에 쑥갓을 올린다.

■ 고수의 노하우 포인트
• 곱창을 1차 삶을 때 물은 자작하게 넣고 삶아 준다.

버섯불고기전골

불고기 양념 배합비

재료(약 2.5kg)	중량	원가 산출
생수	200g	
간장	400g	
갈은 양파	50g	
요리당	60g	
백설탕	200g	
갈은 마늘	200g	
조미료	3g	
소고기 분말	10g	
배즙	150g	
정종	100g	
후춧가루	1g	
참기름	10g	

버섯불고기전골 양념 배합비

재료(약 20인분)	중량	원가 산출
진간장	400g	
배즙	50g	
양파즙	60g	
요리당	100g	
설탕	30g	
조미료	10g	
소고기가루	20g	
다진 마늘	100g	
다진 생강	5g	
파인애플즙	20g	
가쯔오부시액	10g	
후춧가루	2g	
정종	100g	
천일염	10g	

버섯불고기전골 세팅 재료 및 중량

재료(2~3인분)	중량	원가 산출
숙성 불고기	200g	
표고버섯	50g	
양파	80g	
배춧잎	150g	
당근	20g	
미나리	20g	
홍고추	10g	
대파	70g	
갈은 마늘	30g	
느타리버섯	60g	
새송이버섯	60g	
팽이버섯	40g	
소고기 육수	800g	
쑥갓	30g	

● 불고기 양념 배합하기

1. 정량의 물에 간장/요리당/흑설탕/조미료/소고기 분말을 넣고 거품기로 골고루 섞어 준다.

2. 섞여진 양념 1번에 갈은 양파/배즙을 첨가하고, 나머지 재료인 후춧가루/정종을 넣고, 마지막에 참기름을 넣고 소고기에 섞어 버무린 후 냉장 숙성한다.

● 버섯불고기전골 양념 배합하기

1. 진간장에 설탕과 요리당을 넣고 골고루 섞는다.

2. 섞인 양념장 1번에 나머지 준비된 양념을 넣고 배합시킨 후 24시간 냉장 숙성한다.

● 버섯불고기전골 만들기 및 세팅하기

1. 각종 버섯은 씻어서 굵게 채를 썰고, 팽이버섯은 밑둥을 잘라 준비한다.

2. 야채는 먹기 좋게 썰어 놓는다.

3. 전골팬에 배춧잎 썰어 놓은 것을 담고, 각종 버섯과 야채를 돌려 담는다.

4. 야채 위에 갈은 마늘을 별도로 얹는다.

5. 숙성된 불고기를 담고, 육수를 붓고 끓이다가 다 익으면 마지막에 쑥갓을 올려 준다.

■ 고수의 노하우 포인트
• 별도의 칼칼한 고춧가루 양념을 제공하여 취향에 맞게 사용할 수 있도록 준비한다.

해물전골

해물전골 양념 배합비

재료(약 20인분)	중량	원가 산출
해물 육수	200g	
진간장	200g	
설탕	50g	
해물가루	20g	
조미료	10g	
정종	50g	
고춧가루	150g	
갈은 마늘	100g	
갈은 생강	10g	
굴소스	100g	
멸치가루	20g	
소금	10g	
후춧가루	2g	
고추장	30g	

해물전골 세팅 재료 및 중량

재료(2~3인분)	중량	원가 산출
낙지	2마리	
꽃게	1마리	
모시조개	80g	
미더덕	50g	
대하	3마리	
한치알	2알	
홍고추	5g	
대파	70g	
청양고추	10g	
배춧잎	60g	
새송이버섯	60g	
팽이버섯	40g	
해물 육수	800g~	
미나리	30g	
콩나물	200g	
두부	1/4모	
갈은 마늘	30g	
무	70g	

● 해물전골 양념 배합하기

1. 해물 육수(해물 육수 만드는 법은 178페이지 참조)에 고춧가루와 고추장을 골고루 풀어 준다.
2. 풀어 놓은 양념 1번에 나머지 준비한 양념을 잘 섞이도록 배합시킨다.
3. 배합된 양념을 24시간 냉장 숙성 후 사용한다.

● 낙지 손질하기와 해물전골 만들기 및 세팅하기

1. 낙지는 굵은 소금과 밀가루를 넣고 조물조물 주물러 씻어 놓는다.
2. 꽃게 / 조개들도 깨끗이 손질한다.
3. 각각의 야채는 먹기 좋게 썰어 놓는다.
4. 전골냄비에 콩나물 / 배춧잎 / 나박하게 썰은 무를 깔고, 낙지를 제외한 해물과 양념을 얹고 육수를 부어 센불에 끓인다.
5. 중간쯤 불을 낮추고, 낙지와 미나리를 얹고 갈은 마늘도 별도로 넣어 준다.
6. 낙지를 넣고, 해물전골이 한소끔 더 끓으면 완성한다.

■ 고수의 노하우 포인트
• 낙지가 냉동일 때는 전날 냉장고에서 자연 해동시킨 다음, 생강즙과 정종으로 무쳐 숙성 후 씻어서 제공한다.

낙지전골

낙지전골 양념 배합비

재료(약 20인분~)	중량	원가 산출
해물 육수	300g	
진간장	200g	
설탕	100g	
해물 분말	30g	
조미료	10g	
멸치 분말	30g	
양파즙	50g	
갈은 마늘	100g	
갈은 생강	20g	
혼다시	20g	
정종	50g	
고춧가루	400g	
후춧가루	2g	
소금	40g	

낙지전골 세팅 재료 및 중량

재료(2~3인분)	중량	원가 산출
손질된 낙지	2~3마리	
대하	3마리	
양파	80g	
콩나물	150g	
당근	20g	
미나리	20g	
홍고추	10g	
대파	70g	
갈은 마늘	30g	
느타리버섯	60g	
새송이버섯	60g	
팽이버섯	40g	
해물 육수	800g~	
쑥갓	30g	
무	60g	

🟠 낙지전골 양념 배합하기

1. 해물 육수(해물 육수 만드는 법은 178페이지 참조)에 멸치 분말/해물 분말/고춧가루를 넣고 골고루 배합시킨다.
2. 배합시킨 1번 양념에 준비된 재료를 배합시켜 24시간 냉장 숙성시켜 사용한다.

🟠 낙지 손질하기와 낙지전골 만들기 및 세팅하기

1. 낙지는 굵은 소금과 밀가루를 넣고 조물조물 주물러 깨끗이 씻어 놓는다.
2. 대하도 깨끗이 씻는다.
3. 준비된 야채는 먹기 좋게 썰고, 무는 나박나박하게 썰어 놓는다.
4. 전골냄비에 무와 콩나물을 바닥에 깔고, 썰어 놓은 각종 야채를 담고, 대하와 낙지를 넣고 끓인다.
5. 중간에 갈은 마늘과 미나리를 넣고 완성한다.

■ 고수의 노하우 포인트
- 산낙지를 사용할 경우 낙지전골이 끓고 있을 때 넣어 주면 시각적 효과를 부여한다.
- 낙지전골은 오래 끓이지 않는다.

황태콩나물국

황태콩나물국 육수 배합비

재료(약 20인분)	중량	원가 산출
황태 육수	12kg	
혼다시	20g	
조개 분말	30g	
소금	25g	
멸치 분말	10g	

황태콩나물국 세팅 재료 및 중량

재료(1인분)	중량	원가 산출
황태채	40g	
삶은 콩나물	100g	
달걀	1개	
청양고추	5g	
홍고추	5g	
갈은 마늘	3g	
대파	5g	
황태 육수	500g~	

● 황태콩나물국 육수 배합하기

1. 준비한 양념 만들기는 재료를 모두 혼합시켜 파우더를 만든다.
2. 황태 육수(황태 육수 만드는 법은 181페이지 참조)에 배합된 육수 파우더를 넣고 한소끔 끓인다.

● 황태콩나물국 만들기 및 세팅하기

1. 콩나물은 아삭하게 삶아 찬물에 담갔다가 건져 놓는다.
2. 준비한 황태 육수에 콩나물 삶은 물도 섞어 준다.
3. 뚝배기에 삶은 콩나물 / 황태채를 담고, 끓여 놓은 황태 육수를 붓고 갈은 마늘을 넣어 끓인다.
4. 끓인 황태 콩나물국에 청양고추와 홍고추를 띄운 후 제공한다.
5. 달걀은 별도로 제공한다.

■ 고수의 노하우 포인트
• 콩나물은 굵기기 굵은 것은 씹는 식감이 좋고, 곱슬이 콩나물은 고소한 맛을 지니고 있다.

 콩나물냉국

콩나물냉국 육수 배합비

재료(약 20인분~)	중량	원가 산출
해물 육수	3kg	
콩나물 삶은 물	1kg	
혼다시	10g	
소금	20g	
조개 분말	30g	

콩나물냉국 세팅 재료 및 중량

재료(1인분)	중량	원가 산출
삶은 콩나물	50g	
청고추	5g	
홍고추	5g	
실파	5g	
콩나물 육수	200g	
통깨	5g	

● 콩나물냉국 육수 배합하기

1. 해물 육수(해물 육수 만드는 법은 178페이지 참조)에 콩나물 삶은 물을 섞어 준다.

2. 섞은 육수에 재료 분량의 양념을 넣고 한소끔 끓인 후 충분히 식혀 놓는다.

3. 식힌 육수를 냉장고에 넣어 사용한다.

● 콩나물냉국 만들기 및 세팅하기

1. 콩나물은 마늘 세 쪽 정도를 넣고 삶는다.

2. 삶은 콩나물은 건져서 찬물에 담가 열기를 식힌 후 건져 체에 받쳐 놓는다.

3. 청·홍고추 / 실파는 송송 썬다.

4. 그릇에 삶은 콩나물을 담고, 차가운 냉국을 붓고, 청·홍고추 / 실파 / 통깨를 얹어 제공한다.

■ 고수의 노하우 포인트
• 콩나물 냉국에는 식초를 약간 첨가해도 좋다.

옛날육개장

옛날육개장 양념 배합비

재료(약 20인분~)	중량	원가 산출
소고기 육수	1kg	
매운 고춧가루	150g	
소고기 분말	20g	
볶은 소금	40g	
국간장	20g	
진간장	40g	
조미료	10g	
갈은 마늘	200g	
정종	100g	
후춧가루	5g	
일반 고춧가루	300g	

옛날육개장 세팅 재료 및 중량

재료(1인분)	중량	원가 산출
소고기 치맛살(삶아서)	100g	
느타리버섯	30g	
고사리	30g	
숙주	30g	
대파	20g	
토란대	20g	
달걀	1개	
갈은 마늘	20g	
고추기름	10g	
소고기 육수	600g	
불린 당면	30g	

● 옛날육개장 양념 배합하기

1. 식힌 소고기 육수(소고기 육수 만드는 법은 177페이지 참조)에 고춧가루를 넣어 섞는다.
2. 고춧가루가 육수에 불려질 때까지 기다린다.
3. 불린 고춧가루 양념에 준비한 양념들을 골고루 섞어 사용한다.

● 옛날육개장 재료 손질하기와 만들기 및 세팅하기

1. 끓는 물에 통후추 / 통생강 / 통마늘 / 통양파 / 대파뿌리를 넣고 소고기 치맛살을 넣어 정종을 붓고, 약 60분 정도 불을 조절하면서 삶아 건진다.
2. 건진 소고기를 한 김 식힌 후 고기결대로 길게 찢어 놓는다.
3. 대파도 6cm 길이로 썰어서 소금물에 살짝 데쳐 찢어 놓는다.
4. 토란대도 삶아서 찬물에 담가 열을 식힌 후 건져 물기를 제거하고 찢는다.
5. 느타리도 데쳐 찬물에 담가 건져 찢어서 물기를 제거하고, 숙주는 쪄서 식혀 놓는다.
6. 찢은 고기와 각종 야채를 숙성된 양념에 골고루 무친다.
7. 냄비에 고추기름을 넣고, 야채와 소고기 육수 20인분 정도를 붓고 끓여 준다.
8. 중간에 갈은 마늘을 넣고, 다시 한 번 끓여 준다.
9. 한소끔 끓여 놓고 야채를 건져 놓는다.
10. 뚝배기에 건져 놓은 야채와 찢어 놓은 고기를 담고, 육수를 붓고 끓이다가, 불린 당면과 달걀을 풀어 한 번 더 살짝 끓여서 제공한다.

■ 고수의 노하우 포인트

• 육개장의 고추기름은 소기름을 팬에 서서히 녹여 기름이 나오면 고춧가루를 넣고 살살 볶아 고운 체에 거즈를 깔고 기름을 걸러 내면, 고소하고 고운 고추기름을 만들 수 있다.

사골해장국

사골해장국 양념 배합비

재료(약 20인분 이상)	중량	원가 산출
소고기 육수	12kg	
소고기 엑기스	200g	
시골 된장	600g	
조미료	20g	
굵은 고춧가루	20g	
후춧가루	2g	
소금	20g	
진간장	50g	
소고기 분말	20g	
갈은 마늘	120g	

사골해장국 세팅 재료 및 중량

재료(1인분)	중량	원가 산출
사골 육수	600g	
삶은 아롱사태	100g	
삶은 양지머리	50g	
삶은 우거지	60g	
삶은 콩나물	40g	
갈은 마늘	20g	
소금	2g	
대파	10g	

● 사골해장국 양념 배합하기

1. 소고기 육수(소고기 육수 만드는 법은 177페이지 참조)에 된장을 넣고 골고루 섞어 놓는다.
2. 1번 양념에 준비한 나머지 재료를 넣고, 다시 배합시켜 사용한다.

● 사골해장국 만들기 및 세팅하기

1. 끓는 물에 통후추 / 통생강 / 통마늘 / 통양파 / 대파뿌리를 넣고, 양지머리와 아롱사태를 넣고 정종을 부어 약 60분 정도 불을 조절하면서 삶아 건진다.(아롱사태 2.5kg / 양지머리 1kg)
2. 센불 / 중불 / 약불로 불 조절을 한다.
3. 우거지는 삶아서 찬물에 담가 건져 채반에 받쳐 물기를 제거하고 준비한다.
4. 콩나물은 삶아서 준비한다.
5. 삶아서 건진 사태와 양지머리는 칼로 먹기 좋게 썰어 준비한다.
6. 20인분 정도의 우거지와 콩나물은 다진 마늘을 넣고 숙성된 양념에 버무린다.
7. 6번에 사골 육수(사골 육수 만드는 법은 177페이지 참조) 20인분을 넣어 30분 정도 끓여 놓고, 다시 우거지와 콩나물을 건져 놓는다.
8. 주문 시 뚝배기에 썰어 놓은 사태와 양지머리를 담고, 건져 놓은 우거지와 콩나물을 담아 끓여서 제공한다.

■ 고수의 노하우 포인트
• 사태와 양지머리를 삶을 때 사골 육수에 삶아서 사용할 수도 있다.

우거지해장국

우거지해장국 양념 배합비

재료(약 20인분)	중량	원가 산출
소고기 육수	500g	
중간 고춧가루	30g	
국간장	40g	
진간장	30g	
갈은 마늘	100g	
갈은 생강	10g	
조미료	20g	
소고기 분말	20g	
된장	500g	
볶은 소금	20g	
갈은 대파	10g	
후추	2g	

우거지해장국 세팅 재료 및 중량

재료(1인분)	중량	원가 산출
우거지	120g	
삶은 콩나물	60g	
대파	25g	
삶은 소고기양지	80g	
갈은 마늘	20g	
육수 국물	600g	

● 우거지해장국 양념 배합하기

1. 소고기 육수(소고기 육수 만드는 법은 177페이지 참조)에 된장을 풀어 골고루 섞는다.
2. 1번의 배합된 양념에 간장과 나머지 준비한 양념을 넣고 배합시킨다.
3. 배합시킨 양념을 24시간 냉장 숙성한다.

● 우거지해장국 만들기 및 세팅하기

1. 양지머리는 통후추/통마늘/통양파/대파뿌리/소주를 붓고 약 1시간 정도 삶아 건진다.(양지머리 2kg)
2. 얼갈이 배추는 끓는 물에 소금을 넣어 삶아, 찬물에 열기를 식혀 건져 채반에 담아 물기를 제거하고 우거지를 만든다.
3. 삶아 건진 양지머리를 먹기 좋게 썰어 놓는다.
4. 숙성된 된장 양념에 우거지를 넣고 버무린다.
5. 소고기 육수를 20인분 끓이다가, 양념된 우거지와 대파 / 갈은 마늘을 넣고 약 50분 정도 불을 조절하며 끓인다.
6. 끓고 있는 육수에서 우거지를 건져 놓는다.
7. 주문 시 뚝배기에 우거지와 썰어 놓은 양지머리를 담고, 소고기 육수를 부어 끓인 후 대파를 올려 제공한다.

■ 고수의 노하우 포인트
• 양지머리 대신 사태를 사용할 수도 있다.

시락국

시락국 양념 배합비

재료(약 20인분)	중량	원가 산출
해물 육수	500g	
멸치 분말	20g	
시골 된장	300g	
고춧가루	20g	
갈은 마늘	120g	
소고기 분말	10g	
조미료	5g	
국간장	10g	
멸치 엑기스	100g	

시락국 세팅 재료 및 중량

재료(1인분)	중량	원가 산출
삶은 시래기	200g	
대파	30g	
육수	600g	
들깨가루	10g~	
육수	600g	

● 시락국 양념 배합하기

1. 시골 된장에 해물 육수(해물 육수 만드는 법은 178페이지 참조)를 넣어 골고루 섞는다.

2. 1번에 준비된 나머지 양념을 섞고 배합시킨다.

3. 배합된 양념을 24시간 냉장 숙성 후 사용한다.

● 시락국 만들기 및 세팅하기

1. 시래기를 1시간 정도 삶아 물에 담가 놓고, 다시 깨끗이 여러 번 씻는다.

2. 씻은 시래기는 약 6cm 정도의 길이로 썬다.

3. 썰어 놓은 시래기에 숙성된 양념을 넣고, 해물 육수를 20인분 정도 넣어 약 2시간 정도 불 조절을 하면서 푹 끓여 준다. (센불(30분)/중불(60분)/약불(30분))

4. 주문 시 1인분을 담아 끓이다가, 송송 썬 대파와 들깨가루를 넣고 한소끔 끓여서 제공한다.

■ 고수의 노하우 포인트

• 시래기는 모래가 많다. 삶아서 물에 충분히 불려 씻는다.

• 삶을 때 소량의 소다를 첨가하면 빨리 부드럽게 삶아진다.

 굴해장국

굴해장국 양념 배합비

재료(약 20인분~)	중량	원가 산출
해물 육수	12kg	
멸치 분말	30g	
혼다시	10g	
볶은 소금	30g	
조개 분말	20g	

굴해장국 세팅 재료 및 중량

재료(1인분)	중량	원가 산출
굴	120g	
삶은 콩나물	100g	
대파	25g	
달걀	1개	
육수	600g	
홍고추	5g	
청양고추	5g	
갈은 마늘	5g	

● 굴해장국 양념 배합하기

1. 멸치 분말/혼다시/볶은 소금/조개 분말을 분량대로 섞는다.
2. 해물 육수(해물 육수 만드는 법은 178페이지 참조)에 섞어 놓은 양념 파우더를 넣고 한소끔 끓여 놓는다.

● 굴해장국 만들기 및 세팅하기

1. 콩나물은 통통한 것을 골라 삶아서, 찬물에 담가 건져 식힌다.
2. 굴은 굵은 소금에 주물러 조가비와 불순물을 제거하고 깨끗이 씻어 준비한다.
3. 대파/홍고추/청양고추는 송송 썰어 놓는다.
4. 주문 시 뚝배기에 삶은 콩나물을 담고 끓이다가, 굴과 갈은 마늘을 넣고 한소끔 끓인 후, 청·홍고추/대파 썰어 놓은 것을 얹고 달걀을 한 개 올려 완성한다.

■ 고수의 노하우 포인트

• 굴해장국은 굴을 넣고 오래 끓이지 않는다.
• 달걀은 별도 지급할 수 있다.

순대국

순대국 양념 배합비

재료(약 30인분~)	중량	원가 산출
돼지 육수	400g	
굵은 고춧가루	300g	
갈은 마늘	200g	
건고추	100g	
볶은 소금	30g	
후춧가루	5g	
조미료	10g	
갈은 생강	50g	

순대국 세팅 재료 및 중량

재료(1인분)	중량	원가 산출
순대	120g	
오소리감투	20g	
머릿고기	30g	
허파	20g	
간	20g	
대파	10g	
돼지 육수	600g	
청양고추	5g	
새우젓	10g	

● 순대국 양념 배합하기

1. 건고추는 물에 불려 믹서에 간다.
2. 갈아 놓은 건고추에 고춧가루와 돼지 육수(돼지 육수 만드는 법은 176페이지 참조) 및 각종 준비한 양념 재료를 넣고 골고루 배합시킨다.
3. 배합된 양념은 냉장고에 넣고 24시간 숙성시킨다.

● 순대국 만들기 및 세팅하기

1. 돼지 육수를 뜨겁게 끓인다.
2. 순대와 부산물은 찜기에 올려 부드럽게 준비한다.
3. 찜기에 올려져 있는 순대를 먹기 좋게 썰어 놓는다.
4. 허파 / 오소리감투 / 머릿고기 / 간도 썰어 놓는다.
5. 뚝배기에 순대와 허파 / 오소리감투 / 머릿고기 / 간을 담고, 뜨거운 육수를 붓고 토렴을 한다.
6. 다시 돼지 육수를 붓고 송송 썬 대파를 올리고, 숙성된 양념을 얹어 제공한다.
7. 별도로 송송 썬 청양고추와 새우젓도 제공한다.

■ **고수의 노하우 포인트**

• 토렴이란 뜨거운 육수를 한번 붓고 부었던 육수를 따르고, 다시 육수를 붓는 것을 말한다.

 도토리묵사발

도토리묵사발 양념 배합비

재료(약 20인분)	중량	원가 산출
다시마 멸치 육수	12kg	
진간장	100g	
매실액	150g	
설탕	250g	
갈은 마늘	200g	
통깨	10g	
볶은 소금	80g	
조미료	5g	
발효 겨자	100g	
식초	400g	

도토리묵사발 세팅 재료 및 중량

재료(1인분)	중량	원가 산출
도토리묵	200g	
김치	60g	
김가루	5g	
실파	5g	
통깨	2g	
참기름	2g	
도토리묵 육수	600g	
당근채	15g	
오이채	30g	
적채	15g	

● 도토리묵사발 양념 배합하기

1. 진간장에 설탕/발효 겨자를 넣고 배합시킨다.
2. 배합된 양념에 조미료 / 볶은 소금 / 매실액 / 갈은 마늘을 넣고 섞은 후, 식초를 넣는다.
3. 식힌 다시마 멸치 육수(다시마 멸치 육수 만드는 법은 179페이지 참조)에 배합된 양념을 넣고, 슬러시 냉장고에 넣어 차갑게 준비한다.

● 도토리묵사발 만들기 및 세팅하기

1. 도토리묵을 길고 두툼하게 썰어 놓는다.
2. 당근 / 오이 / 적채는 채를 썰어 찬물에 담가 건져 체에 받쳐 놓는다.
3. 실파는 송송 썰어 준비하고, 김가루도 별도로 준비한다.
4. 김치는 속을 털어 내고 송송 작게 썰어 설탕/참기름에 무쳐 놓는다.
5. 그릇에 도토리묵을 담고 슬러시된 육수를 붓고, 위에 김치 / 오이 / 당근채 / 적채 / 실파를 얹어 통깨를 뿌린 후, 참기름과 김가루를 위에 올리고 마무리한다.

■ **고수의 노하우 포인트**

• 도토리묵이 굳었을 땐 채를 썰어 70~80℃의 따뜻한 물에 담가 부드럽게 만들어 사용한다.

삼계탕

삼계탕 육수 양념 배합비

재료(약 20인분)	중량	원가 산출
닭 육수	12kg	
찹쌀가루	200g	
치킨파우더	20g	
땅콩가루	20g	
인삼차가루	10g	
볶은 콩가루	20g	
갈은 마늘	100g	

삼계탕 세팅 재료 및 중량

재료(1인분)	중량	원가 산출
삼계닭	1마리	
육수	450~500g	
대파	15g	
수삼	1뿌리	
흑임자	약간	
통마늘	3개	
불린 찹쌀	250g	
대추	3개	
은행	3알	
깐 밤	2개	
편생강	2쪽	

● 삼계탕 육수 양념 배합하기

1. 찹쌀가루에 치킨파우더 / 땅콩가루 / 인삼차가루 / 볶은 콩가루와 갈은 마늘을 배합시킨다.
2. 배합시킨 파우더는 삼계탕을 끓일 때 사용한다.

● 삼계탕 만들기 및 세팅하기

1. 삼계탕 육수(닭 육수 만드는 법은 176페이지 참조) 12kg에 배합된 육수 양념을 넣고 거품기로 잘 저어 준다.
2. 베보자기에 양파 3개 / 통생강 100g / 통마늘 200g / 통후추 10g을 넣어 육수에 넣는다.
3. 찹쌀은 씻어서 1시간 정도 불린다.
4. 대추도 깨끗이 씻어 놓는다.
5. 대파는 송송 썰어 놓는다.
6. 수삼은 뇌두를 제거하고 살살 씻어 놓는다.
7. 깨끗이 씻은 닭의 뱃속에 통마늘을 넣고, 불린 찹쌀부터 준비한 대추/밤/수삼을 넣고, 다리 양쪽에 칼집을 넣어 닭의 다리를 사선으로 집어 넣고 오므린다.
8. 양념을 풀어 놓은 2번 삼계 육수를 먼저 끓인다.
9. 삼계 육수가 끓으면 준비한 닭을 넣고 센불에서 약 30분 정도 끓인다.
10. 30분 후 큰 나무 주걱으로 한번 저어 준다.
11. 다시 거품을 걷어 내고, 불을 중불로 낮추어 20분 정도 끓인다.
12. 중불로 20분 정도 끓인 후 약 10분 정도 더 뜸불로 끓여 마무리한다.
13. 뚝배기에 삼계탕을 담고 한소끔 더 끓인 후, 송송 썬 대파와 흑임자를 뿌려 제공한다.

■ 고수의 노하우 포인트

• 찹쌀가루를 넣은 육수를 처음부터 끓이면 끓어올라 넘치는 경우가 있다. 뚜껑을 열고 끓이고, 육수 그릇이 깊은 것을 선택해야 된다.

 녹두삼계탕

녹두삼계탕 육수 양념 배합비

재료(약 20인분)	중량	원가 산출
닭 육수	15kg	
찹쌀가루	200g	
치킨파우더	20g	
땅콩가루	20g	
인삼차가루	10g	
볶은 콩가루	20g	
녹차가루	10g	

녹두삼계탕 세팅 재료 및 중량

재료(1인분)	중량	원가 산출
삼계닭	1마리	
육수	600~700g	
대파	15g	
수삼	1뿌리	
흑임자	2g	
통마늘	3개	
불린 찹쌀	100g	
불린 녹두	150g	
은행	3알	
깐 밤	2개	
편생강	2쪽	
대추	3개	

● 녹두삼계탕 육수 양념 배합하기

1. 찹쌀가루에 치킨파우더 / 땅콩가루 / 인삼차가루 / 볶은 콩가루 / 녹차가루를 배합시킨다.
2. 배합시킨 파우더는 녹두삼계탕을 끓일 때 사용한다.

● 녹두삼계탕 만들기 및 세팅하기

1. 삼계탕 육수(닭 육수 만드는 법은 176페이지 참조) 15kg에 육수 양념 배합시킨 것을 넣고 거품기로 잘 저어 준다.
2. 베보자기에 양파 3개 / 통생강 100g / 통마늘 200g / 통후추 10g 을 넣어 육수에 넣는다.
3. 찹쌀은 씻어서 불리고, 깐 녹두도 씻어 불린다.(1시간 이상 불린다.)
4. 대추도 깨끗이 씻어 놓는다.
5. 대파는 송송 썰어 놓는다.
6. 수삼은 뇌두를 제거하고 살살 씻어 놓는다.
7. 깨끗이 씻은 닭의 뱃속에 통마늘을 넣고, 불린 찹쌀 / 불린 녹두부터 준비한 대추 / 밤 / 수삼을 넣고, 다리 양쪽에 칼집을 넣고 닭의 다리를 사선으로 집어 넣어 오므린다.
8. 양념을 풀어 놓은 삼계 육수를 먼저 끓인다.
9. 삼계 육수가 끓으면 준비한 닭을 넣고 약 30분 정도 센불에서 끓인다.
10. 30분 후 큰 나무 주걱으로 한번 저어 준다.
11. 다시 거품을 걷고, 20분 정도 불을 중불로 낮추어 끓인다.
12. 20분 중불 후 약 10분 정도 뜸불로 끓여 마무리한다.
13. 녹두삼계탕을 뚝배기에 담고 한소끔 더 끓인 후, 송송 썬 대파를 올려 제공한다.

■ 고수의 노하우 포인트
- 껍질 녹두를 사용할 경우에는 반드시 따뜻한 물에 불려 껍질을 제거한 후 사용한다.
- 삼계닭은 400~450g 정도의 크기가 적당하다.

찹쌀누룽지백숙

찹쌀누룽지백숙 양념 배합비

재료(닭 약 50마리~)	중량	원가 산출
닭 육수	50kg	
치킨파우더	40g	
땅콩가루	20g	
볶은 콩가루	20g	
인삼차가루	30g	

찹쌀누룽지백숙 세팅 재료 및 중량

재료(2~3인분)	중량	원가 산출
닭	800g~	
찹쌀누룽지	200g	
황기	70g	
엄나무	50g	
대추	5개	
밤	5개	

● 찹쌀누룽지백숙 양념 배합하기

1. 치킨파우더에 땅콩가루 / 인삼차가루 / 볶은 콩가루를 배합시 킨다.
2. 배합시킨 파우더는 찹쌀누룽지백숙을 끓일 때 사용한다.

● 찹쌀누룽지백숙 만들기 및 세팅하기

1. 닭 육수(닭 육수 만드는 법은 176페이지 참조)에 배합된 파우더 를 넣어 준비한다.
2. 닭의 배를 가르고, 핏물을 깨끗이 씻어 준다.
3. 닭 뱃속 안에 황기 / 엄나무 / 대추 / 밤을 넣고, 찹쌀누룽지를 넣 어 감싸 놓는다.
4. 준비한 육수를 붓고 압력솥에서 불 조절을 하며 약 30분 정도 끓이고, 5분 정도 뜸불로 끓인다.
5. 압력을 뺀 후 백숙을 건져 그릇에 담고, 국물에 퍼진 찹쌀누룽 지로 죽을 끓여서 제공한다.

■ 고수의 노하우 포인트
• 압력솥을 사용할 때 분말가루가 뭉치면 위험할 수 있으므로, 반드시 분말을 거품기 로 잘 저어서 완전히 섞은 우 사용한나.

초계탕

초계탕 육수 양념 배합비

재료(약 20인분)	중량	원가 산출
닭 육수	8kg	
소고기 육수	4kg	
식초	400g	
소금	60g	
설탕	300g	
발효 겨자	50g	
볶은 깨	150g	
진간장	60g	
소고기 분말	20g	
조미료	10g	
땅콩버터잼	50g	

초계탕 세팅 재료 및 중량

재료(1인분)	중량	원가 산출
찢어 놓은 닭살	100g	
당근채	20g	
오이채	20g	
배채	20g	
잣	5g	
참기름	2g	
후춧가루	약간	
맛소금	2g	
양상추	20g	
적채	20g	
키위	30g	
사과	30g	
메밀국수	150g	
삶은 달걀	1/2개	
건포도	15g	

● 초계탕 육수 양념 배합하기

1. 닭 육수(닭 육수 만드는 법은 176페이지 참조)와 소고기 육수 (소고기 육수 만드는 법은 177페이지 참조)에 소고기 분말과 조미료를 넣어 한소끔 끓여 식힌다.
2. 식힌 육수는 기름종이를 사용하여 기름을 완전히 제거한다.
3. 볶은 깨는 분마기를 이용하여 곱게 갈아 놓는다.
4. 식힌 육수에 준비한 양념들을 넣고 골고루 섞은 후, 곱게 간 깨를 첨가시키고 땅콩버터잼을 혼합시킨다.
5. 냉장고에 넣어 차갑게 준비한다.

● 초계탕 만들기 및 세팅하기

1. 닭은 양파/통후추/통생강/통마늘/월계수잎/소주를 붓고 약 45분 정도 불 조절을 하면서 삶아 건진 후, 껍질을 벗기고 살코기로만 손으로 찢어 준비한다.
2. 찢어 놓은 닭고기 살에 참기름/후춧가루/맛소금으로 무쳐 놓는다.
3. 당근/오이/배/적채는 곱게 채를 썰고, 양상추는 손으로 잘라 놓고, 사과와 키위는 납작하게 썰어 놓는다.
4. 달걀은 삶아서 껍질을 제거하고 1/2등분으로 준비한다.
5. 메밀국수는 삶아서 찬물에 헹구어 사리를 만들어 놓는다.
6. 그릇에 메밀국수를 담고, 준비된 야채와 과일을 올려 담는다.
7. 초계탕에 차가운 육수를 붓고, 삶은 달걀과 잣/건포도를 올려 완성한다.

■ 고수의 노하우 포인트

- 초계탕에 사용되는 닭은 600g 이상 800g 이하의 닭이 가장 맛이 좋다.
- 닭을 오래 삶으면 쫄깃한 맛이 없고 푸석푸석하다.

오리영양백숙

오리영양백숙 육수 배합비

재료(오리 약 10마리)	중량	원가 산출
오리 육수	12kg	
찹쌀가루	50g	
십전대보탕	혼합 100g	
치킨파우더	50g	
녹차가루	6g	
갈은 마늘	100g	

오리영양백숙 세팅 재료 및 중량

재료(3~4인분)	중량	원가 산출
오리	900g	
불린 검은 찹쌀	400g	
깐 밤	10개	
대추	10개	
은행	20개	
호두	30g	
통마늘	10개	
황기	긴 것 3대	
오리 죽 만들 찹쌀	200g	
헛개나무	2개	

● 오리영양백숙 육수 배합하기

1. 오리 육수(오리 육수 만드는 법은 180페이지 참조)에 준비한 십전대보탕과 녹차가루/갈은 마늘을 넣고, 약 4시간 이상 충분히 끓인다.

2. 끓인 육수에 찹쌀가루와 치킨파우더를 넣어 다시 한소끔 끓인다.

● 오리영양백숙 만들기 및 세팅하기

1. 깨끗이 손질된 오리 뱃속에 불린 검은 찹쌀과 황기를 제외한 준비된 재료를 넣는다.

2. 만들어 놓은 육수에 황기와 헛개나무를 넣고, 뱃속을 채운 오리를 담아 약 2시간 정도 삶는다.

3. 불 조절은 센불(30분) / 중불(40분) / 약불(20분) / 뜸불(30분)로 조절하면서 부드럽게 백숙을 삶는다.

4. 완성된 오리백숙을 두툼한 뚜가리에 담아 제공하고, 육수에 불린 찹쌀을 넣어 죽을 끓여 제공한다.

■ 고수의 노하우 포인트

• 오리는 1kg을 넘지 않는 것이 연하고 맛이 좋다.

• 압력솥을 사용하여 백숙을 만들 때에는 시간 조절이 중요하며, 뜸불에 시간을 충분히 쭈나

궁중삼계탕

궁중삼계탕 육수 양념 배합비

재료(약 20인분)	중량	원가 산출
닭 육수	12kg	
찹쌀가루	200g	
치킨파우더	20g	
땅콩가루	20g	
인삼차가루	10g	
볶은 콩가루	20g	
갈은 마늘	100g	

궁중삼계탕 세팅 재료 및 중량

재료(1인분)	중량	원가 산출
삼계닭	1마리	
육수	500g	
대파	5g	
수삼	1뿌리	
흑임자	약간	
통마늘	3개	
불린 검은 찹쌀	250g	
대추	3개	
은행	3알	
깐 밤	2개	
편생강	2쪽	
잣	10알	
전복	1개	
호두	3알	
달걀지단	15g	
실고추	약간	
실파	약간	

● 궁중삼계탕 육수 양념 배합하기

1. 찹쌀가루에 치킨파우더 / 땅콩가루 / 인삼차 / 볶은 콩가루 / 갈은 마늘을 배합시킨다.
2. 배합시킨 파우더는 궁중삼계탕을 끓일 때 사용한다.

● 궁중삼계탕 만들기 및 세팅하기

1. 삼계탕 육수(닭 육수 만드는 법은 176페이지 참조) 15kg에 양념 배합시킨 것을 넣고 거품기로 잘 저어 준다.
2. 베보자기에 양파 3개 / 통생강 100g / 통마늘 200g / 통후추 10g 을 넣어 육수에 넣는다.
3. 검은 찹쌀은 씻어서 30분 정도 불린다.
4. 대추도 깨끗이 씻어 놓는다.
5. 대파는 송송 썰어 놓는다.
6. 수삼은 뇌두를 제거하고 살살 씻어 놓는다.
7. 전복은 껍질을 제거하고 손질한다.
8. 깨끗이 씻은 닭의 뱃속에 통마늘을 넣고, 불린 검은 찹쌀부터 준비한 대추 / 밤 / 수삼 / 호두를 넣고, 다리 양쪽에 칼집을 넣고 닭의 다리를 사선으로 집어 넣어 오므린다.
9. 준비한 삼계 육수를 먼저 끓인다.
10. 삼계 육수가 끓으면, 속 채운 닭을 넣고 약 30분 센불에서 끓인다.
11. 30분 후 큰 나무 주걱으로 한번 저어 준다.
12. 다시 거품을 걷고, 20분 정도 중불로 낮추어 끓인다.
13. 20분 중불 후 약 10분 정도 뜸불로 끓여 마무리한다.
14. 뚝배기에 담고 한소끔 더 끓인 후, 대파, 달걀지단, 잣, 실고추 / 실파를 얹어서 제공한다.

■ **고수의 노하우 포인트**

· 궁중삼계탕은 화려함을 느낄 수 있노록 한다.

한방전복약백숙

한방전복약백숙 육수 배합비

재료(닭 약 10마리)	중량	원가 산출
닭 육수	12kg	
찹쌀가루	100g	
십전대보탕	120g	
치킨파우더	50g	
인삼차가루	20g	

한방전복약백숙 세팅 재료 및 중량

재료(2~3인분)	중량	원가 산출
닭	600g	
불린 검은 찹쌀	300g	
간 밤	10개	
대추	10개	
은행	20개	
호두	30g	
통마늘	10개	
황기	긴 것 3대	
한방 닭죽 만들 찹쌀	200g	
수삼	2뿌리	
전복	2개	

● 한방전복약백숙 육수 배합하기

1. 닭 육수(닭 육수 만드는 법은 176페이지 참조)에 준비한 십전대보탕과 인삼차가루를 넣고 약 4시간 이상 충분히 끓여 놓는다.

2. 끓인 육수에 찹쌀가루와 치킨파우더를 넣어 다시 한소끔 끓인다.

● 한방전복약백숙 만들기 및 세팅하기

1. 깨끗이 손질된 닭 뱃속에 불린 검은 찹쌀과 준비된 재료를 넣는다.(황기와 전복은 닭 뱃속에 넣지 않는다.)

2. 전복은 껍질째 깨끗이 씻어 놓는다.

3. 만들어 놓은 육수에 황기와 전복을 넣고, 뱃속을 채운 닭을 담아 약 1시간 정도 삶는다.

4. 불 조절을 하면서 부드럽게 백숙을 만든다.

5. 완성된 한방전복약백숙을 담아 제공하고, 육수에 불린 찹쌀을 넣고 죽을 끓여 제공한다.

■ 고수의 노하우 포인트
· 압력솥을 사용하면 끓이는 시간을 단축시킬 수 있다

 # 들깨견과삼계탕

들깨견과삼계탕 육수 양념 배합비

재료(약 20인분)	중량	원가 산출
닭 육수	15kg	
찹쌀가루	100g	
치킨파우더	20g	
땅콩가루	20g	
인삼차가루	10g	
볶은 콩가루	50g	
들깨가루	1kg	
갈은 마늘	100g	

들깨견과삼계탕 세팅 재료 및 중량

재료(1인분)	중량	원가 산출
삼계닭	1마리	
들깨 육수	500g	
대파	15g	
수삼	1뿌리	
흑임자	2g	
통마늘	3개	
불린 찹쌀	350g	
대추	3개	
은행	3알	
깐 밤	2개	
편생강	2쪽	
호두	3개	
잣	10개~	
들깨가루	10g	

● 들깨견과삼계탕 육수 양념 배합하기

1. 찹쌀가루에 치킨파우더 / 땅콩가루 / 인삼차가루 / 볶은 콩가루 / 들깨가루를 섞어서 배합시킨다.
2. 배합시킨 파우더는 들깨견과삼계탕을 끓일 때 사용한다.

● 들깨견과삼계탕 만들기 및 세팅하기

1. 삼계탕 육수(닭 육수 만드는 법은 176페이지 참조) 15kg에 양념 배합시킨 것을 넣고 거품기로 잘 저어 준다.
2. 베보자기에 양파 3개 / 통생강 100g / 통마늘 200g / 통후추 10g 을 넣어 육수에 넣는다.
3. 찹쌀은 씻어서 30분 이상 불린다.
4. 대추도 깨끗이 씻어 놓는다.
5. 대파는 송송 썰어 놓는다.
6. 수삼은 뇌두를 제거하고 살살 씻어 놓는다.
7. 깨끗이 씻은 닭의 뱃속에 통마늘을 넣고, 불린 찹쌀 / 호두 / 대추 / 밤 / 수삼을 넣고, 다리 양쪽에 칼집을 넣고 닭의 다리를 사선으로 집어 넣어 오므린다.
8. 양념을 풀어 놓은 들깨 육수를 먼저 끓인다.
9. 육수가 끓고 있으면, 속 채운 닭을 넣고 약 20분 정도 센불에 끓인다.
10. 20분 후 큰 나무 주걱으로 한번 젓는다.
11. 다시 거품을 걷고, 20분 정도 중불로 낮추어 끓인다.
12. 20분 중불 후 약 20분 정도 뜸불로 끓여 마무리한다.
13. 뚝배기에 닭과 들깨 육수를 담고, 한소끔 더 끓인 후 대파 송송 썬 것과 들깨가루를 올려 제공한다.

■ 고수의 노하우 포인트
• 들깨 육수는 끓일 때 넘치는 성향이 있으므로 잘 저어가면서 주의를 해야 된다.

전복삼계탕

전복삼계탕 육수 양념 배합비

재료(약 20인분)	중량	원가 산출
해물 육수	3kg	
닭 육수	12kg	
찹쌀가루	100g	
치킨파우더	20g	
땅콩가루	10g	
인삼차가루	10g	
볶은 콩가루	10g	
갈은 마늘	100g	

전복삼계탕 세팅 재료 및 중량

재료(1인분)	중량	원가 산출
삼계닭	1마리	
육수	500g	
대파	5g	
수삼	1뿌리	
흑임자	약간	
통마늘	3개	
불린 찹쌀	150g	
전복	2개	
은행	3알	
깐밤	2개	
편생강	2쪽	
대추	3개	
달걀지단	10g	
호두	1쪽	

● 전복삼계탕 육수 양념 배합하기

1. 찹쌀가루에 치킨파우더 / 땅콩가루 / 인삼차가루 / 볶은 콩가루 / 갈은 마늘을 배합시킨다.
2. 배합시킨 파우더는 전복삼계탕을 끓일 때 사용한다.

● 전복삼계탕 만들기 및 세팅하기

1. 삼계탕 육수(닭 육수 만드는 법은 176페이지 참조) 12kg에 해물 육수(해물 육수 만드는 법은 178페이지 참조) 3kg을 넣고, 양념 배합시킨 것을 넣어 거품기로 잘 저어 준다.
2. 베보자기에 양파 3개 / 통생강 100g / 통마늘 200g / 통후추 10g을 넣어 육수에 넣는다.
3. 찹쌀은 씻어서 30분 이상 충분히 불린다.
4. 전복은 수저로 껍질을 떼어 내고, 굵은 소금으로 문질러 깨끗이 씻어 놓는다.
5. 대파는 송송 썰어 놓는다.
6. 수삼은 뇌두를 제거하고 살살 씻어 놓는다.
7. 깨끗이 씻은 닭의 뱃속에 통마늘을 넣고, 불린 찹쌀 / 호두부터 준비한 대추 / 밤 / 수삼을 넣고, 다리 양쪽에 칼집을 넣고 닭의 다리를 사선으로 집어 넣어 오므린다.
8. 양념을 풀어 놓은 육수를 먼저 끓인다.
9. 육수가 끓으면, 속 채운 닭을 넣고 약 30분 정도 센불에서 끓인다.
10. 20분 후 큰 나무 주걱으로 한번 젓는다.
11. 다시 거품을 걷고, 20분 정도 중불로 낮추어 끓인다.
12. 20분 중불 후 약 10분 정도 뜸불로 끓여 마무리한다.
13. 뚝배기에 담고 전복을 넣어 한 번 더 끓이고, 대파 송송 썬 것과 흑임자 / 달걀지단채를 올려 제공한다.

■ **고수의 노하우 포인트**

• 전복 손질법은 두 가지이다. 전복을 껍질째 보이는 쪽만 칼집을 넣어 사용하는 방법과 수저로 껍질을 제거하고 씻어서 사용하는 방법이 있다. 시각적 효과는 껍질째 사용하는 방법이 좋다.

통감자닭볶음탕

통감자닭볶음탕 양념 배합비

재료(약 20인분~)	중량	원가 산출
닭 육수	1kg	
굵은 고춧가루	300g	
청양고춧가루	90g	
굴소스	150g	
간장	90g	
갈은 마늘	200g	
갈은 생강	30g	
후춧가루	2g	
요리당	140g	
고추장	200g	
설탕	50g	
치킨 분말	20g	
조미료	10g	
볶은 소금	20g	
소주	50g	

통감자닭볶음탕 세팅 재료 및 중량

재료(2~3인분)	중량	원가 산출
통감자	2~3개	
당근	100g	
양파	120g	
대파	50g	
닭 육수	800g~	
청·홍고추	20g	
갈은 마늘	30g	
갈은 생강	5g	
닭	600g~	
불린 당면	70g	
소주	20g	

● 통감자닭볶음탕 양념 배합하기

1. 차가운 닭 육수(닭 육수 만드는 법은 176페이지 참조)에 고춧가루와 고추장을 넣고 배합시킨다.
2. 배합된 1번 양념에 준비한 재료를 섞어서 골고루 혼합시킨다.
3. 혼합시킨 양념을 24시간 냉장 숙성시킨다.

● 통감자닭볶음탕 만들기 및 세팅하기

1. 감자는 통으로 삶아서 준비한다.
2. 당근도 큼직하게 썰고, 양파도 큼직큼직하게 썬다.
3. 대파도 5cm 정도 길이로 썰고, 청·홍고추도 어슷어슷 썰어 놓는다.
4. 당면은 불려 놓고, 끓일 때 중간에 넣어 준다.
5. 닭은 먹기 좋게 토막을 내서 핏기를 깨끗이 씻어 준다.
6. 팬에 닭을 달달 볶다가 숙성시킨 양념과 소주를 넣어 다시 볶다가, 육수를 넣어 준다.
7. 뚜껑을 덮고 끓이다가 중간쯤 거품을 걷어 내고, 삶은 통감자와 당근과 양파/갈은 마늘/갈은 생강을 넣어 준다.
8. 불 조절 후 완성되었을 때 대파/청·홍고추를 넣고 제공한다.
9. 테이블에서 다시 끓일 때 불린 당면을 넣어 준다.

■ **고수의 노하우 포인트**
• 별도로 굵은 떡이나 고구마를 첨가할 수도 있다.

아귀탕

아귀탕 양념 배합비

재료(약 20인분~)	중량	원가 산출
해물 육수	600g	
고춧가루	600g	
청양고춧가루	50g	
멸치 분말	15g	
조개 분말	20g	
혼다시	10g	
꽃소금	60g	
갈은 마늘	150g	
진간장	150g	
갈은 생강	20g	
후춧가루	0.3g	
소주	100g	
소고기 엑기스	50g	
조미료	10g	

아귀탕 세팅 재료 및 중량

재료(2~3인분)	중량	원가 산출
손질한 아귀	1kg	
콩나물	200g	
미나리	80g	
무	120g	
대파	50g	
정종	50g	
생강즙	10g	
미더덕	50g	
육수	900g~	
청·홍고추	20g	
갈은 마늘	20g	
홍합	50g	
조개류	50g	

● 아귀탕 양념 배합하기

1. 차가운 해물 육수(해물 육수 만드는 법은 178페이지 참조)에 고춧가루를 섞어서 불린다.

2. 불린 고춧가루에 준비된 양념을 넣고, 소주를 넣어 골고루 섞어준다.

3. 24시간 냉장 숙성 후 사용한다.

● 아귀탕 만들기 및 세팅하기

1. 아귀는 손질을 한 후 물기를 제거하고, 생강즙 / 정종을 뿌려 버무려 냉장고에서 숙성시켜 놓는다.

2. 콩나물은 꼬리만 다듬어 놓는다.

3. 미나리를 다듬어서 5cm 길이로 썰고, 청·홍고추는 어슷어슷 썰어 놓는다.

4. 무는 나박나박 썰어 놓고, 미더덕도 씻어 놓는다.

5. 냄비에 무와 콩나물을 깔고 해물 육수를 붓고, 숙성된 아귀 / 미더덕을 넣고 정종을 붓고 양념을 넣어 끓인다.

6. 중간쯤 끓었을 때 미나리 / 갈은 마늘 / 대파를 넣고, 한소끔 끓여서 청·홍고추를 위에 얹고 완성한다.

■ 고수의 노하우 포인트
• 아귀탕은 맑은 탕으로도 끓일 수 있다.

 영양닭곰탕

영양닭곰탕 육수 양념 배합비

재료(약 20인분)	중량	원가 산출
닭 육수	15kg	
닭고기 분말	20g	
콩가루	30g	
찹쌀가루	10g	
갈은 마늘	100g	

영양닭곰탕 세팅 재료 및 중량

재료(1인분)	중량	원가 산출
닭살	150g	
대파	20g	
통마늘	3개	
편생강	1쪽	
달걀지단채	10g	
흑임자	약간	
수삼	1뿌리	
대추	2알	
밤	2알	

● 영양닭곰탕 육수 양념 배합하기

1. 닭 육수(닭 육수 만드는 법은 176페이지 참조)에 준비한 분량의 분말과 갈은 마늘을 넣고 거품기로 잘 섞어 놓는다.
2. 섞여진 육수를 한소끔 끓여 놓는다.

● 영양닭곰탕 만들기 및 세팅하기

1. 600g 이상 800g 이하의 닭을 준비하고, 양파 / 통후추 / 통생강 / 통마늘 / 월계수잎 / 소주를 붓고 물은 자작하게 닭이 잠길 정도로 부어 약 50분 정도 불 조절 후 삶아서 건져 손으로 닭살을 발라 놓는다.
2. 대파는 송송 썰어 놓는다.
3. 뚝배기에 준비한 닭 육수를 담고, 찢어 놓은 닭살과 통마늘 / 편생강 / 대추 / 밤 / 수삼을 넣고 끓인다.
4. 끓인 영양닭곰탕에 달걀지단채와 흑임자를 올려 제공한다.

■ 고수의 노하우 포인트

• 닭살을 발라낸 닭뼈는 다시 육수를 끓일 때 사용하면 육수에 깊은 맛을 낼 수 있다.

• 불린 당면 또는 삶은 국수를 영양닭곰탕에 넣어 줄 수 있다.

• 닭곰탕 매운 양념(매운 양념(다데기) 만드는 법은 182페이지 참조)과 송송 썬 청양고추 / 볶은 소금은 별도로 제공한다.

연포탕

연포탕 육수 양념 배합비

재료(약 20인분)	중량	원가 산출
해물 육수	20kg	
조개 분말	40g	
혼다시	10g	
볶은 소금	40g	
멸치 분말	15g	
해물 분말	100g	

연포탕 세팅 재료 및 중량

재료(2~3인분)	중량	원가 산출
손질 낙지	2~3마리	
대파	80g	
갈은 마늘	30g	
청양고추	15g	
무	200g	
연포탕 육수	800g~	
미나리	150g	

● 연포탕 육수 양념 배합하기

1. 해물 육수(해물 육수 만드는 법은 178페이지 참조)에 조개 분말과 혼다시, 볶은 소금/멸치 분말/해물 분말을 넣는다.
2. 각종 분말을 넣은 육수를 한소끔 끓여 놓는다.

● 연포탕 만들기 및 세팅하기

1. 낙지는 굵은 소금과 밀가루를 넣고 조물조물 주물러 뻘을 제거시키고, 깨끗이 씻어 놓는다.
2. 끓여 놓은 해물 육수에 무를 넣고 끓인다.
3. 대파는 5cm 길이로 썰고, 미나리는 10cm 길이로 썰어 놓는다.
4. 무를 넣고 끓고 있는 육수에 갈은 마늘을 넣는다.
5. 손질한 대파와 미나리를 넣고 청양고추를 송송 썰어 넣은 후, 낙지를 넣어 살짝 익힌다.
6. 와사비 간장(와사비 간장 만드는 법은 183페이지 참조)과 함께 제공한다.

■ 고수의 노하우 포인트

• 연포탕은 낙지와 계절 주꾸미로 사용할 수 있다

해물짬뽕탕

해물짬뽕탕 양념 배합비

재료(약 20인분 이상)	중량	원가 산출
닭 육수	600g	
고춧가루	400g	
조미료	15g	
꽃소금	60g	
닭 분말	20g	
진간장	30g	
굴소스	50g	
후춧가루	1g	
고추기름	100g	
소주	70g	
소고기 엑기스	30g	
갈은 마늘	150g	
갈은 생강	10g	

해물짬뽕탕 세팅 재료 및 중량

재료(1인분)	중량	원가 산출
껍질홍합	3개	
대하	2개	
오징어	100g	
낙지	20g	
절단 꽃게	1/4개	
부추	5g	
양파	20g	
당근	10g	
쥬키니호박	20g	
갈은 마늘	5g	
태국고추	2g	
해물짬뽕 육수	600g	
숙주	50g	

● 해물짬뽕탕 양념 배합하기

1. 식힌 닭 육수(닭 육수 만드는 법은 176페이지 참조)에 고춧가루를 넣어 골고루 저어가며 불린다.
2. 불린 고춧가루에 준비된 양념 재료를 넣고 섞어서 배합시킨다.
3. 배합된 2번 재료에 소주를 붓고, 약 24시간 냉장 숙성 후 사용한다.

● 해물짬뽕탕 만들기 및 세팅하기

1. 오징어는 껍질을 제거하고, 안쪽으로 칼집을 넣는다.
2. 낙지는 굵은 소금과 밀가루로 조물조물 주물러 깨끗이 씻는다.
3. 홍합/절단 꽃게/대하도 깨끗이 씻어 놓는다.
4. 야채는 먹기 좋게 썰어 놓는다.
5. 팬에 기름을 살짝 두르고 태국고추/갈은 마늘을 넣고 볶다가, 오징어와 낙지/대하/조개를 넣고 재빠르게 볶는다.
6. 숙성한 양념을 넣어서 잠깐 볶다가, 부추와 숙주를 제외하고 썰어 놓은 야채를 넣고 육수를 부어 끓인다.
7. 짬뽕탕이 다 끓여지면 부추와 숙주를 올리고 바로 불을 끄고 완성한다.

■ 고수의 노하우 포인트
• 부추는 식감을 살려 주고, 숙주는 풍성함으로 시각적 효과를 준다. 부추와 숙주를 올리고 바로 불을 꺼야 효과를 볼 수 있다.

 영양꼬리곰탕

영양꼬리곰탕 육수 배합비

재료(약 20인분)	중량	원가 산출
사골 육수	15kg	
사골 엑기스	30g	
통생강	5g	
통마늘	150g	
대파뿌리	10g	
무	300g	

영양꼬리곰탕 세팅 재료 및 중량

재료(1인분)	중량	원가 산출
삶은 소꼬리	3~4개	
대파	30g	
대추	2개	
수삼	1뿌리	
밤	2개	
꼬리곰탕 육수	600g	
은행	5알	

● 영양꼬리곰탕 육수 배합하기

1. 준비한 사골 육수(사골 육수 만드는 법은 177페이지 참조)에 통생강/통마늘/대파뿌리/무/사골 엑기스를 넣고 끓인다.
2. 끓인 육수에서 체를 이용하여 재료를 걸러 놓는다.

● 영양꼬리곰탕 만들기 및 세팅하기

1. 소꼬리는 찬물에 하루 정도 담가 핏기를 제거한다.
2. 통후추/통생강/월계수잎/통마늘/대파뿌리/양파를 넣고, 소꼬리를 넣어 천천히 끓인다.
3. 중간에 물이 끓어오르면 소주를 붓고, 불을 중불로 낮춰 조절하여 약 2시간 이상 끓여 건진다.
4. 준비한 사골 육수에 꼬리를 담고, 대추/수삼/밤을 넣어 다시 푹 끓여 준다.
5. 뚝배기에 꼬리곰탕을 옮겨 담고, 대추/수삼/밤을 넣고 뜨겁게 끓인 후, 송송 썬 대파와 은행을 넣어 제공한다.
6. 고깃장 소스(고깃장 소스 만드는 법은 182페이지 참조)와 함께 제공한다.

■ **고수의 노하우 포인트**
• 꼬리는 너무 큰 것 보다는 중간 것을 선택하는 것이 적당하다

 # 도가니탕

도가니탕 육수 배합비

재료(약 20인분)	중량	원가 산출
사골 육수	15kg	
사골 엑기스	20g	
통생강	10g	
통마늘	150g	
대파뿌리	10g	
통양파	3개	

도가니탕 세팅 재료 및 중량

재료(1인분)	중량	원가 산출
삶은 도가니	150g	
삶은 사태	50g	
힘줄	50g	
대파	1뿌리	
밤	2개	
도가니탕 육수	600g	
은행	5알	
대추	2알	
무	50g	

● 도가니탕 육수 배합하기

1. 준비한 사골 육수(사골 육수 만드는 법은 177페이지 참조)에 통생강 / 통마늘 / 대파뿌리 / 통양파 / 사골 엑기스를 넣고 30분 정도 끓인다.
2. 끓인 육수에서 체로 재료를 걸러 놓고 육수만 준비한다.

● 도가니탕 만들기 및 세팅하기

1. 도가니와 힘줄/사태는 핏기를 제거하고 준비한다.
2. 물에 통후추 / 통생강 / 통양파 / 대파뿌리 / 월계수잎을 넣고 약 2시간 정도 불을 조절하며 삶는다.
3. 끓여 식힌 고기를 건져 내어 적당한 크기로 썰어 준비한다.
4. 고기를 삶은 물은 기름을 걸러서 육수 넣어 사용한다.
5. 무는 납작하게 썰고, 대파는 송송 썬다.
6. 냄비에 무를 깔고, 도가니 / 사태 / 힘줄을 넣고 준비한 육수를 붓고 대추/밤을 넣어 끓인다.
7. 뚝배기에 옮겨 담고 다시 끓이면서, 은행과 송송 썬 대파를 담아 제공한다.
8. 양념장(다데기)과 고깃장(양념장과 고깃장 만드는 법은 182페이지 참조)을 함께 제공한다.

■ 고수의 노하우 포인트

• 도가니는 기름이 많은 음식이다. 현대인들은 기름이 많은 도가니 보다. 기름을 많이 제거하고 사태를 첨가한 현대적 도가니를 선호한ㅏ

인삼갈비탕

인삼갈비탕 육수 배합비

재료(약 20인분~)	중량	원가 산출
갈비탕 육수	15kg	
소고기 엑기스	20g	
대파뿌리	10g	
통후추	3g	
통마늘	120g	
편생강	20g	
후춧가루	2g	

인삼갈비탕 세팅 재료 및 중량

재료(1인분)	중량	원가 산출
삶은 소갈비	3~4개	
불린 당면	50g	
대파	10g	
수삼	1뿌리	
녹각	1개	
깐 밤	2개	
대추	2알	
은행	5알	
달걀지단	10g	
삶은 무	100g	
통마늘	10g	

● 인삼갈비탕 육수 배합하기

1. 갈비탕 육수에 소고기 엑기스 / 대파뿌리 / 통후추 / 편생강 / 통마늘을 넣고 끓인다.
2. 약 30분 정도 끓인 후, 끓였던 재료는 체로 걸러 낸다.
3. 끓여 놓은 육수에 후춧가루를 넣는다.

● 인삼갈비탕 만들기 및 세팅하기

1. 3~4cm 정도 길이의 소갈비를 준비해 물에 담가 핏물을 제거하고 깨끗이 씻는다.
2. 갈비가 잠길 정도의 물을 붓고, 통후추 / 대파뿌리 / 통마늘 / 월계수잎 / 통양파 / 통생강을 넣고 씻어 놓은 갈비를 넣고 중간에 소주를 붓고, 불 조절을 하여 약 1시간 30분 정도 삶는다. (센불(30분) / 중불(40분) / 약불(20분))
3. 무는 삶아서 건져 두툼하게 사각으로 썰어 놓는다.
4. 준비한 갈비 육수에 삶은 갈비와 수삼 / 녹각 / 밤 / 대추 / 통마늘을 넣고 한번 끓인다.
5. 다시 뚝배기에 삶은 무를 깔고, 끓인 갈비를 넣고 한소끔 끓이면서 불린 당면을 넣고 은행을 넣은 후, 송송 썬 대파와 달걀지단을 올려 제공한다.
6. 고깃장(고깃장 만드는 법은 182페이지 참조)을 함께 제공한다.

■ **고수의 노하우 포인트**
• 수입갈비는 누린내가 심하게 나는 경우가 종종 있다. 그러므로 제조 날짜를 확인하고, 반드시 자연 해동 후 사용한다.

서더리탕

서더리탕 육수 양념 배합비

재료(약 20인분)	중량	원가 산출
다시마 멸치 육수	15kg	
조개 분말	40g	
혼다시	10g	
조미료	10g	
볶은 소금	30g~	

서더리탕 세팅 재료 및 중량

재료(1인분)	중량	원가 산출
서더리	250g 정도	
콩나물	50g	
무	30g	
미나리	20g	
갈은 마늘	10g	
대파	20g	
정종	20g	
생강즙	5g	
청양고추	7g	
홍고추	3g	
서더리탕 육수	600g	
생선알	50g	

● 서더리탕 육수 양념 배합하기

1. 다시마 멸치 육수(다시마 멸치 육수 만드는 법은 179페이지 참조)에 준비한 양념을 섞어서 한소끔 끓여 놓는다.

● 서더리탕 재료 손질하기와 만들기 및 세팅하기

1. 서더리는 큼직하게 썰어 물에 담가 핏기를 없애고 깨끗이 씻어 놓는다.
2. 생선알도 살짝 씻어 준비한다.
3. 무는 나박하게 썰고, 콩나물은 머리를 제거한다.
4. 준비된 육수에 무와 콩나물을 담고 먼저 끓인다.
5. 육수가 끓으면 서더리를 물에서 건져 생선알과 함께 넣는다.
6. 갈은 마늘/생강즙/정종/대파를 넣어 익을 때까지 끓인다.
7. 서더리와 무가 익으면 미나리와 청양·홍고추를 넣고, 불을 약하게 조절하고 제공한다.
8. 와사비 간장(와사비 간장 만드는 법은 183페이지 참조)을 함께 제공한다.

■ 고수의 노하우 포인트
• 콩나물은 생으로 사용하고, 싱싱즙을 많이 사용하면 쓴맛이 난다.

알탕

알탕 육수 배합비

재료(약 20인분)	중량	원가 산출
다시마 멸치 육수	15kg	
조개 분말	40g	
혼다시	10g	
조미료	10g	
볶은 소금	30g~	

알탕 양념 배합비

재료(약 20인분)	중량	원가 산출
멸치 육수	200g	
고추장	100g	
고춧가루	300g	
다진 청양고추	50g	
조미료	10g	
볶은 소금	35g	
갈은 마늘	120g	
갈은 생강	20g	
소주	50g	

알탕 세팅 재료 및 중량

재료(1인분)	중량	원가 산출
동태알	2개	
동태	작은 토막 1개	
고니	30g	
미더덕	20g	
대구알	70g	
대파	20g	
정종	20g	
생강즙	5g	
청양고추	5g	
홍고추	3g	
미나리	80g	
알탕 육수	600g	
갈은 마늘	10g	

● 알탕 육수 배합하기

1. 다시마 멸치 육수(다시마 멸치 육수 만드는 법은 179페이지 참조)에 분량의 육수 재료를 넣고 한소끔 끓여 놓는다.

● 알탕 양념 배합하기

1. 식힌 멸치 육수(멸치 육수 만드는 법은 180페이지 참조)에 고춧가루를 불린다.
2. 불린 고춧가루에 고추장과 다진 청양고추를 섞는다.
3. 섞여진 양념에 준비한 양념들을 섞어서 24시간 숙성 후 사용한다.

● 알탕 재료 손질하기와 만들기 및 세팅하기

1. 알들이 흩어지지 않게 체에 받쳐서 깨끗이 씻어 놓는다.
2. 동태도 토막으로 준비하고, 깨끗이 씻어 준비한다.
3. 무는 나박나박하게 썰고, 콩나물은 깨끗이 씻어 준비한다.
4. 준비된 육수에 무와 콩나물을 담고 먼저 끓인다.
5. 육수가 끓으면 숙성된 양념을 넣고, 야채도 넣고 끓이다가 동태와 미더덕과 알을 넣고, 갈은 마늘 / 생강즙 / 정종 / 대파를 넣고 익을 때까지 끓인다.
6. 동태와 알이 익으면 미나리를 올려 한번 끓인 후, 청양·홍고추를 넣고 불을 끄고 제공한다.
7. 와사비 간장(와사비 간장 만드는 법은 183페이지 참조)을 함께 제공한다.

■ 고수의 노하우 포인트
• 냉동 알을 사용할 때는 반드시 자연 해동 후 깨끗이 씻어 정종과 생강즙으로 전처리를 해 놓는다.

숭어수제비매운탕

숭어수제비매운탕 육수 배합비

재료(약 20인분)	중량	원가 산출
해물 육수	20kg	
조개 분말	30g	
혼다시	10g	
조미료	15g	
볶은 소금	30g~	

숭어수제비매운탕 양념 배합비

재료(약 20인분)	중량	원가 산출
해물 육수	400g	
고추장	300g	
된장	100g	
고춧가루	250g	
갈은 마늘	200g	
갈은 생강	60g	
소주	100g	
조미료	10g	
볶은 소금	30g	
굴소스	20g	

숭어수제비매운탕 세팅 재료 및 중량

재료(2~3인분)	중량	원가 산출
숭어	1마리	
보리새우	10g	
무	100g	
대파	70g	
청양고추	10g	
홍고추	10g	
미나리	70g	
갈은 마늘	40g	
쑥갓	20g	
팽이버섯	1/2봉지	
수제비 반죽	150g	
소주	20g	
생강즙	5g	
감자	100g	

● 숭어수제비매운탕 육수 배합하기

1. 해물 육수(해물 육수 만드는 법은 178페이지 참조)에 준비한 분량의 양념을 넣고 한소끔 끓인다.

● 숭어수제비매운탕 양념 배합하기

1. 식힌 해물 육수에 고춧가루를 넣어 불린다.
2. 불린 고춧가루에 고추장과 된장을 섞는다.
3. 섞여진 양념에 준비한 양념들을 섞어서 24시간 숙성 후 사용한다.

● 숭어수제비매운탕 만들기 및 세팅하기

1. 숭어는 토막을 내서 깨끗이 씻어 놓는다.
2. 숭어 매운탕 육수에 무를 썰어서 깔고, 보리새우를 넣고 끓인다.
3. 끓어 오른 육수에 양념을 풀고, 준비한 숭어와 감자 / 갈은 마늘 / 생강즙 / 소주를 넣고 끓인다.
4. 끓고 있는 숭어매운탕 불을 중불로 조절하고, 대파를 넣는다.
5. 어느 정도 익었을 때 수제비를 떼어 넣고, 익힌 후 제공할 때 미나리 / 쑥갓 / 청양·홍고추를 넣어 제공한다.

■ 고수의 노하우 포인트

• 수제비는 별도로 반죽된 밀가루와 일회용 장갑을 지급하고, 각자 떼어 넣는 방법을 제시할 수 있다.

우럭매운탕

우럭매운탕 육수 배합비

재료(약 20인분)	중량	원가 산출
해물 육수	15kg	
조개 분말	40g	
혼다시	10g	
조미료	15g	
볶은 소금	40g~	

우럭매운탕 양념 배합비

재료(약 20인분)	중량	원가 산출
해물 육수	200g	
고추장	100g	
소고기 분말	20g	
약간 굵은 고춧가루	350g	
갈은 마늘	200g	
갈은 생강	60g	
소주	100g	
조미료	10g	
볶은 소금	40g	
굴소스	30g	
간장	30g	

우럭매운탕 세팅 재료 및 중량

재료(1인분)	중량	원가 산출
우럭	1마리	
우럭 내장	20g~	
콩나물	30g	
보리새우	10g	
갈은 마늘	20g	
대파	20g	
정종	20g	
생강즙	5g	
청양고추	5g	
홍고추	3g	
미나리	30g	
우럭 육수	600g	
무	100g	
팽이버섯	1/3봉지	

● 우럭매운탕 육수 배합하기

1. 해물 육수(해물 육수 만드는 법은 178페이지 참조)에 준비한 분량의 양념을 넣고 한소끔 끓인다.

● 우럭매운탕 양념 배합하기

1. 식힌 해물 육수에 고춧가루를 넣어 불린다.
2. 불린 고춧가루 1번 양념에 고추장과 소고기 분말을 섞는다.
3. 섞여진 양념에 준비한 나머지 양념들을 섞어서 24시간 냉장 숙성 후 사용한다.

● 우럭 손질하기와 우럭매운탕 만들기 및 세팅하기

1. 우럭은 쓸개를 제거하고 토막을 내서 깨끗이 씻어 놓는다.
2. 우럭매운탕 육수에 무를 썰어서 깔고, 보리새우를 넣고 끓인다.
3. 끓고 있는 육수에 숙성된 양념을 풀고, 준비한 우럭/갈은 마늘/갈은 생강/소주를 넣고 끓인다.
4. 끓고 있는 우럭매운탕의 불을 반쯤 조절하고, 대파를 넣고 끓인다.
5. 어느 정도 익었을 때 팽이버섯을 넣고, 익힌 후 제공할 때 미나리/청양·홍고추를 올려 제공해 준다.

■ 고수의 노하우 포인트
• 우럭은 쓸개를 반드시 제거해야 쓴맛이 없고, 회를 떠낸 뼈와 머리만으로도 끓일 수 있다.

생가리비해물탕

생가리비해물탕 육수 양념 배합비

재료(약 20인분)	중량	원가 산출
해물 육수	500g	
진간장	100g	
설탕	50g	
해물 분말	20g	
조미료	10g	
정종	50g	
고춧가루	350g	
갈은 마늘	200g	
갈은 생강	10g	
굴소스	100g	
조개 분말가루	30g	
소금	70g	
후춧가루	2g	
고추장	30g	

생가리비해물탕 세팅 재료 및 중량

재료(2~3인분)	중량	원가 산출
생가리비	6마리	
꽃게	1마리	
중합	3개	
미더덕	50g	
대하	3마리	
오징어	1/3마리	
손질 낙지	1마리	
조개류	80g	
갈은 마늘	30g	
홍고추	10g	
새송이버섯	60g	
팽이버섯	40g	
해물 육수	1kg	
미나리	30g	
콩나물	200g	
쑥갓	50g	
대파	70g	
무	80g	

● 생가리비해물탕 육수 양념 배합하기

1. 해물 육수(해물 육수 만드는 법은 178페이지 참조)에 고춧가루와 고추장을 넣고 골고루 풀어 준다.
2. 풀어 놓은 양념 1번에 준비한 나머지 양념을 잘 섞이게 배합시킨다.
3. 배합된 양념을 24시간 냉장 숙성 후 사용한다.

● 생가리비해물탕 만들기 및 세팅하기

1. 낙지는 굵은 소금과 밀가루를 넣고 조물조물 주물러 씻어 준비하고, 오징어도 손질 후 깨끗이 씻어 놓는다.
2. 꽃게/조개/대하/중합들도 깨끗이 씻어 놓는다.
3. 야채는 먹기 좋게 썰어 놓는다.
4. 전골냄비에 무를 나박나박 썰어 넣고, 콩나물과 각종 조개류를 넣고 해물과 숙성된 양념을 담고, 야채를 넣은 후 육수를 부어 센불에서 끓인다.
5. 4번에 불을 중간으로 낮추고, 낙지와 미나리/갈은 마늘/대파를 끓고 있는 냄비에 넣어 준다.
6. 한소끔 끓여지면, 불을 끄고 테이블에서 끓도록 제공한다.
7. 와사비 간장(와사비 간장 만드는 법은 183페이지 참조)을 별도 제공한다.

■ 고수의 노하우 포인트

• 생가리비의 맛이 해물탕의 깊은 맛과 어울려 전문성 있는 해물탕으로 부각될 것이다.
• 낙지는 탕이 끓는 중간쯤에 미나리와 넣어야 질기지 않게 먹을 수 있다.

묵은지감자탕

묵은지감자탕 육수 배합비

재료(약 20인분)	중량	원가 산출
돼지 육수	20kg	
소고기 분말	10g	
사골 엑기스	50g	

묵은지감자탕 양념 배합비

재료(약 20인분)	중량	원가 산출
돼지 육수	600g	
약간 매운 고춧가루	200g	
라면스프	50g	
후춧가루	5g	
갈은 생강	30g	
갈은 마늘	120g	
소주	200g	
조미료	20g	
소고기 분말	20g	
볶은 소금	60g	
간장	50g	
굴소스	50g	
된장	150g	
소금	20g	

묵은지감자탕 세팅 재료 및 중량

재료(2~3인분)	중량	원가 산출
삶은 돼지뼈	6개	
삶은 감자	3개	
묵은지	300g	
대파	80g	
깻단	50g	
들깨가루	15g	
소주	30g	
돼지 육수	800g~	
갈은 마늘	30g	
갈은 생강	10g	

● 묵은지감자탕 육수 배합하기

1. 돼지 육수(돼지 육수 만드는 법은 176페이지 참조)에 소고기 분말/사골 엑기스를 분량에 맞게 넣어 한소끔 끓여 놓는다.

● 묵은지감자탕 양념 배합하기

1. 돼지 육수에 준비한 고춧가루를 넣어 불린다.
2. 불린 고춧가루 1번에 된장/라면스프/소고기 분말 등 준비한 양념을 넣고 골고루 섞는다.
3. 섞은 양념은 24시간 냉장 숙성 후 사용한다.

● 묵은지감자탕 만들기 및 세팅하기

1. 돼지 등뼈와 목뼈는 찬물에 12시간 정도 담가 핏기를 제거한다.(돼지뼈 10kg 정도)
2. 찬물에 돼지뼈를 넣고 약 20분 정도 끓여서 건진다.
3. 다시 찬물에 월계수잎 3장/된장 100g/통후추 5g/통생강 100g/통마늘 200g/통양파 4개와 소주 1병을 넣고, 살짝 삶은 돼지뼈를 넣고 센불/중불/약불로 불 조절을 하면서 약 2시간 정도 삶는다.
4. 삶은 돼지등뼈를 건지고, 돼지등뼈 삶은 육수를 체에 걸러 놓는다.
5. 삶은 돼지등뼈는 마르지 않게 걸러 놓은 육수에 다시 담가 놓는다.
6. 감자는 삶아 준비하고, 묵은지는 속을 털어 내고 찬물에 한번 헹구어 놓는다.
7. 냄비에 헹군 묵은지를 담고, 돼지 육수를 붓고 약 30분 정도 쪄낸 후 건져 놓는다.
8. 주문 시 냄비에 돼지뼈를 담고 묵은지를 얹고, 삶은 감자와 돼지 육수/숙성된 양념을 넣고 갈은 마늘/갈은 생강, 소주를 넣고 끓인다.
9. 끓여진 묵은지감자탕에 깻단과 대파/들깨가루를 넣고 제공한다.
10. 겨자 간장(겨자 간장 만드는 법은 182페이지 참조)을 제공한다.

■ 고수의 노하우 포인트

국내산 돼지등뼈 보다는 수입 돼지등뼈가 살은 많지만, 맛은 국내산이 좋다.

뼈해장국

뼈해장국 육수 배합비

재료(약 20인분)	중량	원가 산출
돼지 육수	20kg	
소고기 분말	10g	
사골 엑기스	50g	

뼈해장국 양념 배합비

재료(약 20인분)	중량	원가 산출
돼지 육수	400g	
약간 매운 고춧가루	250g	
라면스프	50g	
후춧가루	5g	
갈은 생강	60g	
갈은 마늘	120g	
소주	120g	
조미료	20g	
소고기 분말	10g	
볶은 소금	60g	
간장	50g	
굴소스	50g	
된장	200g	

뼈해장국 세팅 재료 및 중량

재료(1인분)	중량	원가 산출
삶은 돼지뼈	2개	
우거지	70g	
대파	10g	
들깨가루	5g	
갈은 마늘	10g	
돼지 육수	500g	

● 뼈해장국 육수 배합하기

1. 돼지 육수(돼지 육수 만드는 법은 176페이지 참조)에 소고기 분말/사골 엑기스를 분량에 맞게 넣어 끓여 준다.

● 뼈해장국 양념 배합하기

1. 돼지 육수에 준비한 고춧가루를 넣어 불린다.
2. 불린 고춧가루 1번 양념에 된장/라면스프/소고기 분말 등 준비된 양념을 넣어 섞는다.
3. 섞어 놓은 양념을 24시간 냉장 숙성 후 사용한다.

● 뼈해장국 만들기 및 세팅하기

1. 돼지 등뼈와 목뼈는 찬물에 12시간 정도 담가 핏기를 충분히 뺀다.(돼지뼈 10kg 정도)
2. 찬물에 돼지뼈를 넣고 약 20분 정도 끓여서 건진다.
3. 다시 찬물에 월계수잎 3장/된장 100g/통후추 5g/통생강 100g/통마늘 200g/통양파 4개/소주 1병을 넣고 살짝 삶은 돼지뼈를 넣고 센불/중불/약불로 불 조절을 한 후 약 2시간 정도 삶는다.
4. 삶은 돼지등뼈를 건지고, 돼지등뼈 삶은 육수를 체에 걸러 놓는다.
5. 준비된 돼지 육수에 숙성된 양념을 넣고, 우거지/삶은 돼지뼈를 넣고 약 1시간 정도 끓인다.
6. 불 조절은 센불(20분)/중불(20분)/약불(20분)로 조절한다.
7. 돼지 육수와 양념을 넣고, 끓인 우거지와 돼지뼈를 건져 각각 마르지 않게 젖은 면보를 덮어 보관한다.
8. 대파는 송송 썰어 놓는다.
9. 뚝배기에 삶아 놓은 돼지뼈 2개와 우거지/끓인 육수를 담고 끓인다.
10. 완성이 될 때쯤 대파/들깨가루를 얹어서 제공한다.

■ 고수의 노하우 포인트
• 삶아 놓은 돼지뼈가 말랐을 때는 육수에 담가 놓는다.

 설렁탕

설렁탕 육수 배합비

재료(약 40인분)	중량	원가 산출
물	50kg	
사골뼈	3kg	
소잡뼈	2kg	
도가니	1kg	
양지머리	1kg	
사태	1kg	
통마늘	500g	
통생강	100g	
통후추	10g	
월계수잎	5장	
소주	2병	
대파뿌리	30g	
통양파	300g	

설렁탕 세팅 재료 및 중량

재료(1인분)	중량	원가 산출
사골 육수	600g	
양지머리	40g	
사태	60g	
삶은 국수	30g	
대파	15g	
볶은 소금	2g	
후춧가루	0.2g	

● 설렁탕 육수 배합하기

1. 찬물에 사골뼈 / 잡뼈 / 도가니를 넣고 3시간 이상 불려 핏기를 충분히 제거한다.
2. 핏기가 제거된 뼈를 찬물에 넣고 약 30분 정도 삶아 건진다.
3. 큰 통에 삶아 건진 뼈를 담고, 물 / 통마늘 / 통생강 / 통양파 / 월계수잎 / 대파뿌리 / 통후추를 넣고 센불 / 중불 / 약불로 조절하면서 최대 12시간 정도 끓인다.
4. 중간에 양지머리와 사태 / 도가니를 넣고 소주를 붓고, 약 1시간 20분 정도 지나면 고기만 건져 놓는다.
5. 건진 고기는 기름을 제거하고, 양지와 사태는 편육으로 썰고 도가니는 먹기 좋게 썰어 놓는다.
6. 12시간 이상 끓인 육수에서 넣고 끓였던 야채는 건져 내고, 육수는 기름을 중간 중간에 자주 걷어 낸다.
7. 완전히 식힌 후 다시 기름을 건져 낸다.

● 설렁탕 만들기 및 세팅하기

1. 국수는 삶아서 찬물에 헹구어 건져 사리를 지어 놓는다.
2. 뚝배기에 육수를 담고, 썰어 놓은 고기들을 넣어 뜨겁게 끓인다.
3. 끓고 있는 육수에 국수사리를 넣고, 대파를 송송 썰어 설렁탕에 올려 제공한다.
4. 볶은 소금 / 후춧가루는 별도로 제공한다.

■ 고수의 노하우 포인트
· 소금은 0(천일염) : 1(맛소금)을 약 1시간 정도 은근히 볶아서 사용한다.

동태탕

동태탕 육수 배합비

재료(약 20인분)	중량	원가 산출
다시마 멸치 육수	15kg	
조개 분말	30g	
혼다시	10g	
조미료	15g	
볶은 소금	30g~	

동태탕 양념 배합비

재료(약 20인분)	중량	원가 산출
다시마 멸치 육수	400g	
고추장	100g	
소고기 분말	20g	
약간 굵은 고춧가루	300g	
갈은 마늘	200g	
갈은 생강	60g	
소주	100g	
조미료	10g	
볶은 소금	60g	
굴소스	30g	
간장	30g	

동태탕 세팅 재료 및 중량

재료(2~3인분)	중량	원가 산출
동태	1마리	
고니	20g~	
콩나물	40g	
보리새우	10g	
다진 마늘	20g	
대파	20g	
정종	20g	
생강즙	2g	
청양고추	5g	
홍고추	3g	
미나리	30g	
동태탕 육수	800g~	
무	80g	
두부	50g	

● 동태탕 육수 배합하기

1. 다시마 멸치 육수(다시마 멸치 육수 만드는 법은 179페이지 참조)에 준비한 분량의 양념 재료를 넣고 한소끔 끓여 놓는다.

● 동태탕 양념 배합하기

1. 식힌 다시마 멸치 육수에 고춧가루를 넣어 불린다.
2. 불린 고춧가루 양념 1번에 고추장과 소고기 분말을 넣고 골고루 섞는다.
3. 섞여진 양념에 준비한 나머지 양념을 섞어서 24시간 냉장 숙성 후 사용한다.

● 동태탕 만들기 및 세팅하기

1. 동태는 토막을 내서 깨끗이 씻어 놓는다.
2. 냄비에 무를 나박나박하게 썰어서 깔고, 콩나물/보리새우를 함께 넣고 끓인다.
3. 끓고 있는 육수에 숙성된 양념을 풀고, 준비한 동태/고니/갈은 마늘/갈은 생강/정종을 넣어 끓인다.
4. 중간쯤 끓고 있는 동태탕의 불을 조절하고, 대파를 넣는다.
5. 어느 정도 익었을 때 두부를 넣고, 한 번 더 살짝 익힌 후 제공할 때 미나리/청양·홍고추를 올려 준다.
6. 와사비 간장(와사비 간장 만드는 법은 183페이지 참조)을 곁들여 준다.

■ 고수의 노하우 포인트
• 생태를 사용할 경우에는 동태를 끓이는 시간보다 끓이는 시간을 줄인다.

 # 꽁치통조림김치찌개

꽁치통조림김치찌개 양념 배합비

재료(약 20인분)	중량	원가 산출
멸치 육수	250g	
굵은 고춧가루	150g	
멸치 분말	20g	
조미료	10g	
후춧가루	0.5g	
갈은 생강	30g	
갈은 마늘	60g	
갈은 양파	30g	
소주	50g	
굴소스	30g	
까나리액젓	20g	

꽁치통조림김치찌개 세팅 재료 및 중량

재료(1인분)	중량	원가 산출
숙성 김치	150	
꽁치캔	100g	
대파채	20g	
청양·홍고추	10g	
다시마 멸치 육수	600g	
갈은 마늘	20g	
두부	40g	
양파채	30g	

● 꽁치통조림김치찌개 양념 배합하기

1. 멸치 육수(멸치 육수 만드는 법은 180페이지 참조)에 굵은 고춧가루를 넣어 불린다.

2. 불린 고춧가루에 준비한 나머지 재료를 넣고 골고루 섞이도록 배합시킨다.

3. 배합된 재료를 12시간 냉장 숙성 후 사용한다.

● 꽁치통조림김치찌개 만들기 및 세팅하기

1. 숙성 김치는 속을 털어 내고 3~4cm 길이로 썬다.

2. 냄비에 약간의 꽁치통조림 기름을 두르고 김치를 볶는다.

3. 볶다가 숙성된 양념을 넣는다.

4. 양념을 넣은 김치에 통조림 꽁치를 넣고, 양파채 / 갈은 마늘을 넣고 다시마 멸치 육수(다시마 멸치 육수 만드는 법은 179페이지 참조)를 붓고 끓인다.

5. 중간쯤 끓이다가 대파채 / 청양·홍고추 / 두부를 얹어 제공한다.

■ 고수의 노하우 포인트
• 통조림을 구입할 때는 반드시 제조 닐싸를 확인해야 된다.

 통돼지김치찌개

통돼지김치찌개 양념 배합비

재료(약 20인분)	중량	원가 산출
멸치 육수	300g	
굵은 고춧가루	200g	
소고기 분말	20g	
조미료	10g	
후춧가루	0.5g	
갈은 생강	30g	
갈은 마늘	60g	
갈은 양파	30g	
소주	50g	
굴소스	30g	
설탕	20g	

통돼지김치찌개 세팅 재료 및 중량

재료(1인분)	중량	원가 산출
숙성 김치	150g	
목살	200g	
대파채	20g	
청·홍고추	10g	
다시마 멸치 육수	600g	
갈은 마늘	20g	
두부	40g	
양파채	30g	
떡국 떡	30g	

● 통돼지김치찌개 양념 배합하기

1. 멸치 육수(멸치 육수 만드는 법은 180페이지 참조)에 굵은 고춧가루를 넣고 충분히 불린다.

2. 불린 고춧가루에 준비된 나머지 양념을 넣고 골고루 배합시킨다.

3. 배합된 재료를 12시간 냉장 숙성 후 사용한다.

● 통돼지김치찌개 만들기 및 세팅하기

1. 숙성 김치는 속을 털어 내고 3~4cm 길이로 썬다.

2. 냄비에 약간의 기름을 두르고 김치를 볶는다.

3. 볶고 있는 김치에 숙성된 양념을 넣는다.

4. 양념을 넣은 김치에 돼지고기 목살을 통으로 넣고, 갈은 마늘을 넣은 후 다시마 멸치 육수(다시마 멸치 육수 만드는 법은 179페이지 참조)를 붓고 끓인다. 약 1시간 20분 정도 센불 / 중불 / 약불로 조절하면서 끓여 준비한다.

5. 주문 시 냄비에 끓인 김치와 통목살을 담고, 국물과 다시마 멸치 육수를 섞어서 붓고 끓인다.

6. 끓고 있을 때 양파채 / 대파채 / 청·홍고추 / 떡국 떡 / 두부를 얹고 제공한다.

■ 고수의 노하우 포인트

• 김치찌개는 하루 전날 끓여 놓은 것이 맛이 더 좋다. 두 번째 끓일 때는 육수를 반쯤 더 붓고 끓인다.

 # 의정부부대찌개

의정부부대찌개 육수 배합비

재료(약 20인분~)	중량	원가 산출
다시마 멸치 육수	20kg	
멸치 분말	40g	
볶은 소금	20g	

의정부부대찌개 양념 배합비

재료(약 20인분)	중량	원가 산출
다시마 멸치 육수	400g	
중간 굵기 고춧가루	200g	
건고추	30g	
다진 양파	30g	
조미료	10g	
국간장	20g	
볶은 소금	20g	
설탕	10g	
후춧가루	1g	
고추장	20g	
굴소스	30g	
소고기 분말	10g	
갈은 마늘	60g	

의정부부대찌개 세팅 재료 및 중량

재료(2인분)	중량	원가 산출
부대찌개햄	100g	
소시지(여러 종류)	170g	
베이컨	60g	
베이키드빈	80g	
김치	50g	
대파	60g	
양파	100g	
청·홍고추	10g	
갈은 마늘	20g	
부대찌개 육수	1kg	
쑥갓	20g	
떡국 떡	40g	
갈은 민찌햄	25g	

● 의정부부대찌개 육수 배합하기

1. 다시마 멸치 육수(다시마 멸치 육수 만드는 법은 179페이지 참조)에 멸치 분말과 볶은 소금을 넣고 한소끔 끓여 놓는다.

● 의정부부대찌개 양념 배합하기

1. 식힌 다시마 멸치 육수에 건고추를 넣고 믹서기로 갈아 준다.
2. 갈은 건고추물에 고춧가루를 넣어 불리고, 준비한 양념 재료를 넣어 골고루 배합시킨다.
3. 배합시킨 양념을 24시간 냉장 숙성 후 사용한다.

● 의정부부대찌개 만들기 및 세팅하기

1. 부대찌개햄은 길쭉하게 썬다.
2. 소시지는 어슷썰기를 한다.
3. 양파/대파/청·홍고추는 적당하게 썬다.
4. 베이컨도 먹기 좋게 썰고, 베이키드빈은 통조림으로 준비해 놓는다.
5. 김치는 속을 털어 내고 한번 씻은 후 썰어 준비한다.
6. 부대찌개팬에 준비한 야채와 햄, 떡국 떡 / 베이키드빈을 담고, 쑥갓과 숙성된 양념을 넣고 육수를 붓는다.
7. 부대찌개가 끓고 있을 때 갈은 마늘을 더 넣어 준다.

■ **고수의 노하우 포인트**
• 마늘을 중간에 넣어 주면 시각적 효과와 맛을 더 좋게 할 수 있다.

해물부대찌개

해물부대찌개 육수 배합비

재료(약 20인분~)	중량	원가 산출
해물 육수	20kg	
조개 분말	30g	
볶은 소금	20g	

해물부대찌개 양념 배합비

재료(약 20인분)	중량	원가 산출
해물 육수	400g	
중간 굵기 고춧가루	200g	
건고추	20g	
다진 양파	30g	
조미료	10g	
국간장	20g	
볶은 소금	20g	
설탕	10g	
후춧가루	1g	
고추장	20g	
굴소스	30g	
혼다시	10g	
갈은 마늘	60g	

해물부대찌개 세팅 재료 및 중량

재료(2인분)	중량	원가 산출
부대찌개햄	80g	
소시지(여러 종류)	120g	
베이컨	40g	
베이키드빈	20g	
낙지	100g	
조개류	40g	
홍합	30g	
대하	2개	
절단 꽃게	2/4개	
해물 육수	1kg	
쑥갓	20g	
대파	60g	
양파	60g	
청·홍고추	10g	
떡국 떡	30g	
갈은 마늘	30g	

● 해물부대찌개 육수 배합하기

1. 해물 육수(해물 육수 만드는 법은 178페이지 참조)에 조개 분말과 볶은 소금을 넣고 한소끔 끓여 준다.

● 해물부대찌개 양념 배합하기

1. 식힌 해물 육수에 건고추를 넣고 믹서기로 갈아 준다.
2. 갈은 건고추물에 고춧가루를 넣어 불리고, 준비한 양념들을 넣어 골고루 배합시킨다.
3. 배합시킨 양념을 24시간 냉장 숙성 후 사용한다.

● 해물부대찌개 만들기 및 세팅하기

1. 부대찌개햄은 길쭉하게 썰고, 소시지는 어슷썰기를 한다.
2. 낙지는 밀가루와 굵은 소금으로 주물러 씻어 놓고, 조개류/대하/꽃게/홍합도 손질 후 씻어 놓는다.
3. 양파/대파/청·홍고추는 적당하게 썬다.
4. 베이컨도 먹기 좋게 썰고, 베이키드빈은 통조림으로 준비해 놓는다.
5. 손질한 낙지도 먹기 좋게 적당히 썰어 놓는다.
6. 부대찌개팬에 준비한 야채와 햄, 떡국 떡/베이키드빈을 담고 각종 해물을 담은 후, 쑥갓과 숙성된 양념을 넣고 육수를 붓는다.
7. 해물부대찌개가 끓고 있을 때 중간에 갈은 마늘을 넣어 준다.

■ 고수의 노하우 포인트
• 냉동 해물을 사용할 경우 맛이 다소 떨어진다. 반드시 자연 해동 후 사용한다.

 # 사골부대찌개

사골부대찌개 육수 배합비

재료(약 20인분~)	중량	원가 산출
사골 육수	20kg	
사골 엑기스	30g	
볶은 소금	20g	

사골부대찌개 양념 배합비

재료(약 20인분)	중량	원가 산출
사골 육수	400g	
중간 굵기 고춧가루	200g	
건고추	20g	
다진 양파	30g	
조미료	10g	
국간장	20g	
볶은 소금	20g	
설탕	10g	
후춧가루	1g	
고추장	20g	
굴소스	30g	
소고기 분말	10g	
갈은 마늘	70g	

사골부대찌개 세팅 재료 및 중량

재료(2인분)	중량	원가 산출
부대찌개햄	70g	
소시지(여러 종류)	150g	
베이컨	60g	
베이키드빈	80g	
감자	60g	
대파	60g	
양파	100g	
청·홍고추	10g	
갈은 마늘	20g	
부대찌개 육수	1kg	
쑥갓	20g	
떡국 떡	40g	
콩나물	30g	
돼지고기민찌	20g	

● 사골부대찌개 육수 배합하기

1. 사골 육수(사골 육수 만드는 법은 177페이지 참조)에 준비된 분말과 볶은 소금을 넣고 한소끔 끓여 놓는다.

● 사골부대찌개 양념 배합하기

1. 식힌 사골 육수에 건고추를 넣고 믹서에 갈아 준다.
2. 갈은 건고추물에 고춧가루를 넣어 불리고, 준비한 양념들을 섞어 배합시킨다.
3. 배합시킨 양념을 24시간 냉장 숙성 후 사용한다.

● 사골부대찌개 만들기 및 세팅하기

1. 부대찌개햄은 길쭉하게 썬다.
2. 소시지는 어슷썰기를 한다.
3. 양파/대파/청·홍고추는 적당하게 썰어 놓는다.
4. 베이컨도 먹기 좋게 썰고, 베이키드빈은 통조림으로 준비한다.
5. 감자는 깍둑 썰어서 물에 담가 건져 놓는다.
6. 부대찌개팬에 준비한 콩나물과 야채와 햄, 떡국 떡/베이키드빈을 담고, 쑥갓과 숙성된 양념을 넣고 사골 육수를 붓는다.
7. 부대찌개가 끓고 있을 때 중간에 갈은 마늘을 넣어 준다.

■ **고수의 노하우 포인트**
• 사골 부대찌개는 진한 맛이 느껴져 남성들이 더 많이 선호한다.

차돌박이된장찌개

차돌박이된장찌개 양념 배합비

재료(약 20인분)	중량	원가 산출
다시마 멸치 육수	400g	
고춧가루	70g	
조개 분말	20g	
소고기 분말	10g	
숙성 된장	1kg	
조미료	10g	
멸치 엑기스	30g	

차돌박이된장찌개 세팅 재료 및 중량

재료(1인분)	중량	원가 산출
차돌박이	80g	
호박	20g	
양파	30g	
다진 청양고추	10g	
표고버섯	30g	
갈은 마늘	10g	
대파	10g	
다시마 멸치 육수	200g	
후춧가루	약간	
정종	10g	

● 차돌박이된장찌개 양념 배합하기

1. 다시마 멸치 육수(다시마 멸치 육수 만드는 법은 179페이지 참조)에 고춧가루와 된장을 넣고 배합시킨다.
2. 배합된 된장에 준비한 재료를 넣고 12시간 냉장 숙성 후 사용한다.

● 차돌박이된장찌개 만들기 및 세팅하기

1. 냄비에 차돌박이 고기를 넣고 정종과 갈은 마늘 / 후춧가루를 넣고 은근히 볶아 준다.
2. 볶은 차돌박이에 양파와 표고버섯을 썰어서 넣고 살짝 더 볶는다.
3. 볶은 재료에 숙성시킨 양념 된장을 넣고 다시 볶다가 다시마 멸치 육수를 붓고 끓인다.
4. 끓고 있는 된장찌개에 납작한 모양으로 썬 호박을 넣고 끓인다.
5. 다 끓으면 다진 청양고추와 대파를 넣고 한소끔 끓인 후 제공한다.

■ 고수의 노하우 포인트
• 차돌박이된장찌개는 주로 비벼 먹는 타입이므로 야채를 대부분 작게 사용한다.

해물된장찌개

해물된장찌개 양념 배합비

재료(약 20인분)	중량	원가 산출
해물 육수	200g	
고춧가루	25g	
조개 분말	25g	
혼다시	5g	
숙성 된장	300g	
조미료	5g	
갈은 마늘	30g	

해물된장찌개 세팅 재료 및 중량

재료(2인분)	중량	원가 산출
절단 꽃게	1/4개	
절단 낙지	20g	
중하	1마리	
미더덕	15g	
모시조개	10g	
갈은 마늘	10g	
대파	10g	
해물 육수	300g	
양파	20g	
청·홍고추	10g	
호박	20g	
팽이버섯	15g	
무	20g	
정종	10g	
두부	1/4모	
쑥갓	15g	

● 해물된장찌개 양념 배합하기

1. 해물 육수(해물 육수 만드는 법은 178페이지 참조)에 고춧가루와 된장을 넣고 골고루 섞어 배합시킨다.

2. 배합된 된장에 준비한 재료를 넣고 12시간 냉장 숙성시켜 사용한다.

● 해물된장찌개 만들기 및 세팅하기

1. 절단 낙지는 해동 후 밀가루를 넣고 조물조물 주물러 깨끗이 씻어 놓는다.

2. 꽃게와 중하/모시조개도 깨끗이 씻어 준비한다.

3. 무는 나박하게 썰고, 호박/양파/대파도 먹기 좋게 썬다.

4. 청·홍고추는 동글동글 썰어 놓는다.

5. 뚝배기에 육수와 숙성된 된장을 넣고 끓이다가, 해물을 넣고 끓인다.

6. 야채와 갈은 마늘/정종을 넣고 불을 조절하면서 끓이고, 두부를 넣은 후 마지막에 청·홍고추를 넣어 마무리한다.

■ **고수의 노하우 포인트**
• 해물된장찌개는 끓일 때 일반 뚝배기 보다 큰 뚝배기를 사용한다. 보기에도 먹음직스럽고, 끓을 때 넘치는 것을 막을 수도 있다.

 # 청국장찌개

청국장찌개 양념 배합비

재료(약 20인분)	중량	원가 산출
다시마 멸치 육수	400g	
고춧가루	50g	
멸치 분말	50g	
혼다시	5g	
청국장	1.5kg	
조미료	5g	
소주	50g	
된장	200g	

청국장찌개 세팅 재료 및 중량

재료(1인분)	중량	원가 산출
숙성 김치	70g	
두부	1/4모	
청양고추	15g	
대파	20g	
다시마 멸치 육수	250g	

● 청국장찌개 양념 배합하기

1. 다시마 멸치 육수(다시마 멸치 육수 만드는 법은 179페이지 참조)에 고춧가루 / 청국장 / 된장을 넣고 골고루 배합시킨다.
2. 배합시킨 청국장에 준비한 재료를 넣고 12시간 냉장 숙성 후 사용한다.

● 청국장찌개 만들기 및 세팅하기

1. 김치는 속을 살짝 털어 내고 송송 썰어 놓는다.
2. 대파 / 청양고추도 송송 썰어 준비한다.
3. 냄비에 김치를 넣고 볶다가, 숙성된 청국장을 넣어 살짝 볶아 준다.
4. 볶아 준 청국장에 다시마 멸치 육수를 붓는다.
5. 다시마 멸치 육수를 넣은 청국장을 충분히 끓여 놓는다.
6. 끓고 있는 청국장에 두부와 대파 / 청양고추를 얹고, 살짝 끓여 준 후 마무리한다.

■ 고수의 노하우 포인트
• 청국장은 육수 대신 쌀뜨물을 사용하기도 한다.
• 냉장 숙성된 청국장은 3일 동안만 사용하고, 냉동 보관한다.
• 청국장은 한번 미리 끓여 놓는 것이 맛을 더 좋게 할 수 있다.

 생콩비지찌개

생콩비지찌개 양념 배합비

재료(약 20인분)	중량	원가 산출
사골 육수	300g	
고춧가루	10g	
소고기 분말	10g	
후춧가루	2g	
볶은 소금	10g	
조미료	10g	
소고기 엑기스	10g	

생콩비지찌개 세팅 재료 및 중량

재료(1인분)	중량	원가 산출
숙성 김치	70g	
생콩비지	150g	
청·홍고추	15g	
실파	20g	
사골 육수	50g	
돼지고기	30g	
생강즙	3g	
갈은 마늘	15g	
소주	5g	
새우젓	20g	

● 생콩비지찌개 양념 배합하기

1. 사골 육수(사골 육수 만드는 법은 177페이지 참조)에 고춧가루를 넣고 충분히 불린다.
2. 불린 고춧가루에 준비한 재료를 넣고 12시간 냉장 숙성 후 사용한다.

● 생콩비지찌개 만들기 및 세팅하기

1. 김치는 속을 살짝 털어 내고 송송 썰어 놓는다.
2. 실파/청·홍고추도 송송 썰어 준비한다.
3. 날콩은 24시간 불려서 껍질을 제거하고 갈아서 준비한다.
4. 돼지고기는 목살 또는 앞전지로 준비한다.
5. 냄비에 돼지고기와 갈은 마늘/생강즙/소주를 넣어 볶다가 썰어 놓은 김치를 넣고 함께 볶는다.
6. 볶아지는 고기와 김치에 숙성된 양념을 넣고 육수를 부어 끓인다.
7. 끓고 있는 냄비에 불을 낮추고 갈아 놓은 생콩비지를 넣고 저어 가면서 끓인다.
8. 한소끔 끓으면, 청·홍고추/실파를 얹어서 마무리한다.
9. 새우젓과 함께 제공한다.

■ **고수의 노하우 포인트**

• 생콩비지는 오래 끓이면 고소한 맛을 느낄 수가 없다.
• 전문 메뉴로 생콩비지를 선택한다면, 콩을 전기맷돌로 갈아서 사용하면 시각적 효과를 보여줄 수 있다.

돼지불백찌개

돼지불백찌개 양념 배합비

재료(약 20인분)	중량	원가 산출
다시마 멸치 육수	200g	
진간장	70g	
고추장	300g	
매운 고춧가루	100g	
파인애플즙	100g	
백설탕	80g	
후춧가루	2g	
갈은 마늘	150g	
갈은 생강	50g	
소주	100g	
갈은 양파	200g	
사이다	100g	
두반장	50g	
조미료	10g	
소고기가루	10g	
요리당	170g	
소금	5g	

돼지불백찌개 재료 및 중량

재료(2인분)	중량	원가 산출
돼지고기목살	300g	
양파채	60g	
당근채	20g	
떡국 떡	30g	
다시마 멸치 육수	150g	
양배추	60g	
생콩나물	50g	
청·홍고추	10g	
깻잎	7g	
불린 당면	30g	
갈은 마늘	20	
팽이버섯	1/4봉지	
새송이버섯	50g	
대파	40g	
감자	60g	

● 돼지불백찌개 양념 배합하기

1. 다시마 멸치 육수(다시마 멸치 육수 육수 만드는 법은 179페이지 참조)에 고춧가루를 넣고 불린다.
2. 불린 고춧가루에 준비된 나머지 양념을 넣고, 소주를 붓고 골고루 섞어 12시간 냉장 숙성시켜 사용한다.
3. 숙성된 양념에 돼지고기목살을 넣고 무친 후 냉장 보관한다.

● 돼지불백찌개 만들기 및 세팅하기

1. 양파/당근은 채로 썰어서 준비한다.
2. 새송이버섯은 길이로 썰어 놓는다.
3. 당면은 불려서 준비하고, 깻잎은 큼직하게 1/3등분으로 썬다.
4. 찌개팬에 콩나물을 깔고 숙성된 돼지고기를 얹고, 준비한 떡국 떡/야채를 넣는다.
5. 팬을 불에 올려 뜨겁게 달아오르면, 육수를 붓고 갈은 마늘을 넣고 볶듯이 끓인다.
6. 끓이다가 불린 당면도 중간에 넣어 주고, 청·홍고추도 올려서 마무리한다.

■ 고수의 노하우 포인트
• 돼지불백찌개는 국물이 자작자작하게 끓이는 찌개이다.

순두부찌개

순두부찌개 양념 배합비

재료(약 20인분)	중량	원가 산출
다시마 멸치 육수	260g	
매운 고춧가루	240g	
볶은 소금	40g	
갈은 마늘	100g	
조미료	10g	
소고기 분말	10g	
사골 엑기스	100g	
식용유	200g	

순두부찌개 세팅 재료 및 중량

재료(2인분)	중량	원가 산출
바지락	30g	
애호박	20g	
순두부	150g	
해물 육수	200g	
대파	10g	
청양·홍고추	10g	
새우살	15g	
달걀	1개	
양파	20g	

● 순두부찌개 양념 배합하기

1. 사골 엑기스와 다시마 멸치 육수(다시마 멸치 육수 만드는 법은 179페이지 참조)에 고춧가루를 넣어 불린다.
2. 불린 고춧가루 1번에 준비한 양념 재료를 넣고 골고루 배합시킨다.
3. 두꺼운 팬에 식용유를 넉넉히 넣고 배합된 양념을 약 5분 정도 은근히 볶는다.
4. 볶은 양념은 냉장고에 넣고 사용한다.

● 순두부찌개 만들기 및 세팅하기

1. 바지락은 살짝 데쳐서 해감을 제거한다.
2. 호박은 은행잎 모양으로, 양파는 깍둑 모양으로 썰고, 대파와 청양·홍고추는 송송 썰어 놓는다.
3. 뚝배기에 썰어 놓은 야채와 바지락 / 새우살을 담고, 순두부와 해물 육수(해물 육수 만드는 법은 178페이지 참조)를 붓고, 볶은 순두부 양념을 넣는다.
4. 뚝배기를 불에 올려 끓인다.
5. 바글바글 순두부찌개가 끓으면, 달걀 / 대파, 청양·홍고추를 얹어 제공한다.

■ **고수의 노하우 포인트**
- 순두부 양념 제조 시 식용유로 볶기 때문에 별도의 고추기름은 필요 없다.
- 양념을 볶을 때는 타지 않게 불 조절에 주의한다.
- 달걀은 별도 지급할 수 있다.

 굴순두부찌개

굴순두부찌개 양념 배합비

재료(약 20인분)	중량	원가 산출
다시마 멸치 육수	260g	
매운 고춧가루	240g	
볶은 소금	40g	
갈은 마늘	100g	
조미료	10g	
소고기 분말	10g	
해물 엑기스	50g	
식용유	200g	

굴순두부찌개 세팅 재료 및 중량

재료(1인분)	중량	원가 산출
바지락	20g	
굴	40g	
순두부	150g	
해물 육수	200g	
대파	10g	
청양·홍고추	10g	
새우살	15g	
애호박	1개	
양파	20g	
달걀	1개	

● 굴순두부찌개 양념 배합하기

1. 해물 엑기스와 다시마 멸치 육수(다시마 멸치 육수 만드는 법은 179페이지 참조)에 고춧가루를 넣어 불린다.
2. 불린 고춧가루에 준비한 양념을 넣어 골고루 섞이도록 배합시킨다.
3. 두꺼운 팬에 식용유를 넉넉히 넣고 배합된 양념을 은근히 약 5분 정도 볶는다.
4. 볶은 양념을 냉장고에 넣고 사용한다.

● 굴순두부찌개 만들기 및 세팅하기

1. 굴은 소금물에 흔들어 씻고, 바지락은 살짝 데쳐서 해감을 제거한다.
2. 호박은 은행잎 모양으로 썰고, 양파는 깍둑 모양으로 썰고, 대파와 청양·홍고추는 송송 썬다.
3. 뚝배기에 썰어 놓은 야채와 바지락 / 새우살을 담고, 순두부를 넣고 해물 육수(해물 육수 만드는 법은 178페이지 참조)를 붓고, 볶은 양념을 넣는다.
4. 불에 뚝배기를 올려 끓인다.
5. 바글바글 끓으면 굴을 넣고 달걀/대파, 청양·홍고추를 얹어 제공한다.

■ 고수의 노하우 포인트
• 굴순두부찌개에 사용되는 달걀은 별도로 지급해서 선택할 수 있도록 하는 방법도 좋다.

 묵은지찌개

묵은지찌개 양념 배합비

재료(약 20인분)	중량	원가 산출
다시마 멸치 육수	400g	
양파즙	100g	
김치 국물	300g	
사골 엑기스	100g	
굵은 고춧가루	200g	
설탕	20g	
조미료	10g	
갈은 마늘	30g	
갈은 생강	10g	
굴소스	40g	
땅콩버터	1g	
후춧가루	2g	
묵은지	6kg	
식용유	20g	

묵은지찌개 세팅 재료 및 중량

재료(1인분)	중량	원가 산출
볶은 묵은지	200g	
다시마 멸치 육수	250g	
대파	30g	
돼지목살	70g	
청양·홍고추	10g	
소주	20g	
후추	약간	
두부	1/4모	
갈은 마늘	20g	
갈은 생강	3g	

● 묵은지찌개 양념 배합하기

1. 사골 엑기스에 고춧가루를 섞어 불린 후, 나머지 양념 재료를 넣고 골고루 섞은 후 냉장고에 넣고 12시간 숙성한다.
2. 묵은지는 속을 털어 내고 물에 씻어 준비한다.
3. 씻어 놓은 묵은지를 알맞게 썰어 놓는다.
4. 썰어 놓은 묵은지는 식용유를 넣고 볶다가, 양념을 넣고 다시 오래 볶는다.
5. 볶은 묵은지에 준비한 다시마 멸치 육수(다시마 멸치 육수 만드는 법은 179페이지 참조)를 붓고 끓이듯이 볶은 후 냉장 보관한다.

● 묵은지찌개 만들기 및 세팅하기

1. 볶아 놓은 묵은지에 돼지고기를 넣고 다시 볶는다.
2. 볶고 있는 돼지고기에 갈은 마늘 / 갈은 생강 / 소주를 넣는다.
3. 돼지고기와 묵은지를 볶는 중간에 다시마 멸치 육수를 붓고 충분히 끓인다.
4. 보글보글 끓고 있는 묵은지찌개에 두부 / 대파 / 청양·홍고추를 올려서 한소끔 끓여 마무리한다.

■ 고수의 노하우 포인트
• 묵은지가 오래되어 냄새가 심하게 날 때는 24시간 정도 물에 담가 건져 사용한다. 정종을 한 숟가락 물에 섞는다.

섞어찌개

섞어찌개 육수 배합비

재료(약 20인분~)	중량	원가 산출
해물 육수	20kg	
해물 분말	30g	
볶은 소금	20g	

섞어찌개 양념 배합비

재료(약 20인분~)	중량	원가 산출
약간 매운 고춧가루	200g	
건고추	30g	
다진 양파	30g	
조미료	10g	
진간장	20g	
볶은 소금	20g	
설탕	40g	
후춧가루	1g	
고추장	300g	
해물 육수	400g	
두반장	30g	
혼다시	10g	
갈은 마늘	60g	

섞어찌개 세팅 재료 및 중량

재료(2인분)	중량	원가 산출
오징어	200g	
돼지고기	150g	
우동	60g	
베이키드빈	80g	
베이컨	40g	
대파	60g	
양파	100g	
청·홍고추	10g	
갈은 마늘	20g	
섞어찌개 육수	1kg	
쑥갓	20g	
떡국 떡	40g	
감자	30g	
무	30g	
호박	30g	
팽이버섯	20g	
생강즙	5g	

● 섞어찌개 육수 배합하기

1. 해물 육수(해물 육수 만드는 법은 178페이지 참조)에 해물 분말과 볶은 소금을 넣고 한소끔 끓여 놓는다.

● 섞어찌개 양념 배합하기

1. 식힌 해물 육수에 건고추를 믹서에 넣고 갈아 넣는다.
2. 갈아 놓은 건고추물에 고춧가루 / 고추장을 넣어 불리고, 준비한 양념 재료를 넣고 골고루 배합시킨다.
3. 배합시킨 양념을 24시간 냉장 숙성 후 사용한다.

● 섞어찌개 만들기 및 세팅하기

1. 오징어는 통째로 내장과 껍질을 제거하고 썰어 놓는다.
2. 돼지고기는 찌개용으로 준비하고, 생강즙에 버무려 숙성시켜 놓는다.
3. 양파 / 대파 / 청·홍고추는 먹기 좋게 썰고, 무는 나박나박하게 썰어 놓는다.
4. 베이컨은 큼직하게 썰고, 베이키드빈은 통조림으로 준비해 놓는다.
5. 섞어찌개 냄비에 준비한 무를 깔고, 야채와 오징어 / 숙성시킨 돼지고기와 나머지 재료를 담고 섞어찌개 양념을 넣는다.
6. 준비한 섞어찌개 냄비를 불에 올리고 뜨거워지면 육수를 붓는다.
7. 찌개가 끓는 중간쯤에 쑥갓과 우동을 넣어 준다.

■ 고수의 노하우 포인트
• 우동 대신 불린 당면을 사용하기도 한다.

 # 짜글짜글찌개

짜글짜글찌개 양념 배합비

재료(약 20인분)	중량	원가 산출
사골 육수	400g	
조미료	10g	
사골 엑기스	20g	
고추장	500g	
고춧가루	100g	
후춧가루	2g	
갈은 마늘	100g	
볶은 소금	15g	
된장	100g	
소주	100g	

짜글짜글찌개 세팅 재료 및 중량

재료(2인분)	중량	원가 산출
감자	200g	
대파채	50g	
돼지고기	100g	
호박	40g	
양파	80g	
청·홍고추	10g	
사골 육수	800g	
갈은 마늘	20g	

● 짜글짜글찌개 양념 배합하기

1. 사골 육수(사골 육수 만드는 법은 177페이지 참조)에 사골 엑기스를 넣고 배합시킨다.
2. 배합된 1번 육수에 고춧가루를 넣어 불려 놓는다.
3. 불린 고춧가루에 된장/고추장을 넣어 다시 골고루 배합시킨다.
4. 배합된 양념을 12시간 냉장 숙성 후 사용한다.

● 짜글짜글찌개 만들기 및 세팅하기

1. 감자는 두껍게 나박나박 썰어 물에 담가 놓는다.
2. 돼지고기는 두껍게 두툼하게 썰어 준비한다.
3. 양파/호박도 두툼하게 썰어 놓는다.
4. 담가 놓은 감자를 냄비에 건져 담고, 돼지고기/야채도 넣어 숙성된 양념장과 육수를 붓고 끓인다.
5. 육수가 자작하게 끓도록 충분히 끓인다.
6. 찌개가 중간쯤 끓으면 대파채와 갈은 마늘을 넣어 완성한다.

■ **고수의 노하우 포인트**
• 투박한 음식이지만 충청도에는 유명한 짜글짜글찌개가 있다.

병어양념조림

병어양념조림 양념 배합비

재료(병어 약 20마리)	중량	원가 산출
다시마 멸치 육수	400g	
고운 고춧가루	100g	
굵은 고춧가루	250g	
국간장	50g	
진간장	400g	
생강즙	100g	
양파즙	100g	
갈은 마늘	300g	
요리당	100g	
조미료	10g	
소주	100g	
볶은 소금	40g	

병어양념조림 세팅 재료 및 중량

재료(1인분)	중량	원가 산출
병어	2마리	
양파	60g	
감자	100g	
대파	40g	
청양·홍고추	15g	
정종	20g	
갈은 마늘	15g	
갈은 생강	5g	
다시마 멸치 육수	300g	
생강즙	5g	

● 병어양념조림 양념 배합하기

1. 다시마 멸치 육수(다시마 멸치 육수 만드는 법은 179페이지 참조)에 고춧가루를 넣고 골고루 섞어서 불린다.
2. 불린 고춧가루에 준비한 양념 재료를 넣고 섞어서 배합시킨 후, 12시간 이상 냉장 숙성 후 사용한다.

● 병어양념조림 만들기 및 세팅하기

1. 병어는 깨끗이 씻어 사선으로 칼집을 넣어 놓는다.
2. 손질된 병어에 생강즙과 정종을 살짝 뿌려 놓는다.
3. 감자는 둥글납작하게 썰고, 양파도 두툼한 채로 썬다.
4. 대파/청양·홍고추는 어슷썰기를 한다.
5. 두꺼운 냄비에 감자를 깔고 병어를 올려 놓고, 숙성된 양념과 육수를 부어 끓이면서 졸인다.
6. 병어 육수가 끓기 시작하면, 뚜껑을 열고 갈은 마늘/대파/양파채를 넣어 준다.
7. 국물이 자작하게 졸여지면 청양·홍고추를 넣는다.

■ **고수의 노하우 포인트**
• 병어조림은 다소 단맛을 느낄 수 있게 졸이고, 뚜껑을 열고 끓이면 비린 맛을 제거할 수 있다.

 갈치무조림

갈치무조림 양념 배합비

재료(갈치 약 20마리)	중량	원가 산출
해물 육수	400g	
건고추	50g	
굵은 고춧가루	350g	
국간장	50g	
진간장	400g	
생강즙	100g	
양파즙	100g	
갈은 마늘	300g	
굴소스	10g	
조미료	10g	
소주	100g	
볶은 소금	5g	

갈치무조림 세팅 재료 및 중량

재료(1인분)	중량	원가 산출
갈치	3토막	
양파	40g	
무	100g	
대파	40g	
청양·홍고추	15g	
정종	20g	
갈은 마늘	15g	
갈은 생강	5g	
해물 육수	250g	

● 갈치무조림 양념 배합하기

1. 믹서기에 해물 육수(해물 육수 만드는 법은 178페이지 참조)와 건고추를 넣고 갈아 놓는다.
2. 갈아 놓은 건고추에 고춧가루를 섞어서 충분히 불린다.
3. 충분히 불린 고춧가루에 준비한 양념 재료를 넣어 배합시킨 후 12시간 이상 냉장 숙성시킨다.

● 갈치무조림 만들기 및 세팅하기

1. 갈치는 손질 후 깨끗이 씻어 생강즙과 정종을 살짝 뿌려 놓는다.
2. 무는 납작하고 두툼하게 썬다.
3. 양파도 두툼하게 채를 썬다.
4. 대파 / 청양·홍고추는 어슷어슷 썰어 놓는다.
5. 두꺼운 냄비에 무를 깔고 그 위에 갈치를 넣고, 숙성된 양념과 육수를 붓고 끓인다.
6. 육수가 끓기 시작하면 양파채 / 갈은 마늘 / 대파를 넣어 준다.
7. 갈치 국물이 자작하게 졸아지면 청양·홍고추를 넣는다.

■ 고수의 노하우 포인트
• 냉동 갈치를 사용할 경우 살이 물러질 수 있다. 반드시 자연 해동 후 사용한다.
• 생강즙을 많이 사용할 경우 쓴맛이 날 수 있다.

 # 가자미간장조림

가자미간장조림 양념 배합비

재료(가자미 약 20마리) 중량		원가 산출
다시마 멸치 육수	1.2kg	
진간장	300g	
정종	150g	
검은 물엿	150g	
편마늘	50g	
편생강	40g	
통후추	3g	
흰설탕	100g	
대파뿌리	20g	
건고추	10g	

가자미간장조림 세팅 재료 및 중량

재료(1인분)	중량	원가 산출
가자미	2마리	
양념장	400g	
생강채	20g	
편마늘	20g	
대파채	20g	
꽈리고추	30g	
식용유	10g	
정종	20g	
통깨	약간	

● 가자미간장조림 양념 배합하기

1. 다시마 멸치 육수(다시마 멸치 육수 만드는 법은 179페이지 참조)에 진간장 / 검은 물엿 / 편마늘 / 편생강 / 통후추 / 대파뿌리 / 건고추를 넣고 은근히 오래 끓인다.(1/3 이상 줄어들 정도)
2. 끓인 양념은 충분히 식힌 후 체로 걸러 놓는다.
3. 걸러 놓은 양념을 밀폐 용기에 담아 냉장고에서 숙성시켜 사용한다.

● 가자미간장조림 만들기 및 세팅하기

1. 가자미는 깨끗이 씻어 채반에 담아 물기가 자연스럽게 빠지도록 하여 준비한다.
2. 생강과 대파는 채로 썰고, 마늘은 편으로 썰어 놓는다.
3. 팬에 식용유를 넣고 팬을 뜨겁게 달군다.
4. 뜨거운 팬에 생강채를 넣고 가자미를 올려 기름에 굽는다.
5. 숙성된 간장 양념은 냄비에 담아 바글바글 끓인다.
6. 냄비에서 끓고 있는 양념에 구운 가자미를 넣고 졸인다. 중간에 정종 / 편마늘 / 꽈리고추 / 대파채를 넣고 뚜껑을 열고 졸인다.
7. 가자미가 윤기 있게 졸여지면 통깨를 뿌려 제공한다.

■ 고수의 노하우 포인트
• 기존의 조림보다는 새로운 조림으로 활용할 수 있다.

묵은지고등어조림

묵은지고등어조림 양념 배합비

재료(고등어 약 20마리)	중량	원가 산출
다시마 멸치 육수	600g	
고운 고춧가루	120g	
굵은 고춧가루	300g	
국간장	50g	
진간장	200g	
생강즙	150g	
양파즙	100g	
갈은 마늘	250g	
굴소스	10g	
조미료	10g	
소주	150g	
볶은 소금	30g	

묵은지고등어조림 세팅 재료 및 중량

재료(1인분)	중량	원가 산출
묵은지	150g	
고등어	3토막	
무	60g	
대파	30g	
청양·홍고추	10g	
정종	20g	
갈은 마늘	30g	
갈은 생강	10g	
다시마 멸치 육수	500g	

● 묵은지고등어조림 양념 배합하기

1. 다시마 멸치 육수(다시마 멸치 육수 만드는 법은 179페이지 참조)에 고춧가루를 넣고 충분히 불려 놓는다.
2. 불려진 고춧가루에 준비한 양념 재료를 넣고, 골고루 배합시켜 12시간 이상 냉장 숙성한다.

● 묵은지고등어조림 만들기 및 세팅하기

1. 묵은지는 속을 털어 내고 씻어서 준비한다.
2. 고등어는 토막을 내고 쌀뜨물에 씻어 건져 생강즙과 정종을 뿌려 놓는다.
3. 무는 나박나박 두껍게 썰고, 대파와 청양·홍고추는 어슷 썰어 놓는다.
4. 속을 털어 낸 묵은지 두 장에 생강즙을 뿌려 놓은 고등어를 넣고 돌돌 말아 놓는다.
5. 냄비에 무를 깔고 말아 놓은 묵은지고등어를 넣고, 숙성된 양념장과 육수를 붓고 푹 끓인다.
6. 중간에 뚜껑을 열어 생강즙과 정종을 한번 더 넣어 주고, 불 조절을 중 → 약으로 하면서 끓인다.
7. 묵은지고등어조림이 다 익으면 대파채/청양·홍고추를 올려 완성한다.

■ 고수의 노하우 포인트
• 양파를 사용하면 양파의 단맛이 오히려 묵은지고등어조림의 맛을 감소시킬 수 있다.

메뉴에 어울리는
찬류

오징어젓갈무침

오징어젓갈무침 재료 및 중량

재료	중량	원가 산출
오징어젓갈	1kg	
고운 고춧가루	10g	
생강즙	10g	
갈은 마늘	60g	
식초	5g	
물엿	30g	
편마늘	20g	
청양고추	20g	
홍고추	20g	
실파	20g	
통깨	10g	

● 오징어젓갈무침 만들기

1. 청양고추/홍고추/실파는 송송 썰어 놓는다.

2. 오징어젓갈에 갈은 마늘/생강즙/식초/물엿을 정량에 맞게 넣어 골고루 버무린다.

3. 양념으로 무친 오징어젓갈에 편마늘과 청양고추/실파 썬 것을 넣어 다시 버무린 후 통깨를 뿌린다.

과일야채샐러드

과일야채샐러드 재료 및 중량

재료	중량	원가 산출
키위	2개	
양상추	100g	
파프리카	100g	
사과	100g	
마요네즈	300g	
머스터드	50g	
레몬즙	20g	
설탕	50g	
연유	50g	
생크림	20g	

● 과일야채샐러드 만들기

1. 마요네즈에 머스터드를 넣고 거품기로 잘 섞는다.

2. 섞인 마요네즈에 레몬즙을 서서히 넣고 풀어지지 않게 섞는다.

3. 레몬즙 섞인 마요네즈에 설탕을 넣어 녹이고, 연유와 생크림을 섞어 준 후 냉장고에 넣는다.

4. 키위는 동글동글하게 썬다.

5. 양상추는 손으로 찢어 찬물에 담가 놓는다.

6. 파프리카는 먹기 좋게 썬다.

7. 양상추를 물에서 건져 체에 받쳐 물기를 제거시킨다.

8. 그릇에 양상추를 담고, 파프리카/사과/키위를 올리고 그 위에 샐러드 소스를 얹는다.

연근조림

연근조림 재료 및 중량

재료	중량	원가 산출
연근	1kg	
식초	15g	
진간장	200g	
정종	50g	
흰 설탕	100g	
검은 물엿	120g	
통깨	10g	
소금	3g	
물	350g	
참기름	5g	

● 연근조림 만들기

1. 연근은 껍질을 벗겨 동글동글하게 썰어 끓는 물에 소금/식초를 넣고 살짝 데친다.
2. 데친 연근은 찬물에 담가 건져 열기를 식혀 놓는다.
3. 냄비에 간장과 물/설탕을 넣고 끓인다.
4. 간장 양념이 끓으면 데친 연근을 넣고 졸인다.
5. 연근이 졸여지고 있는 중간에 정종과 물엿을 넣고, 불을 줄여서 은근히 졸인다.
6. 윤기 나게 연근이 졸여지면, 통깨를 살살 뿌려 마무리한다.

 겉절이

겉절이 재료 및 중량

재료	중량	원가 산출
절인 배추	2.5kg	
고춧가루	120g	
찹쌀풀	70g	
마른 건고추	30g	
새우액젓	60g	
갈은 마늘	50g	
실파	20g	
볶은 소금	15g	
조미료	5g	
흰물엿	20g	
설탕	50g	
통깨	10g	

● 겉절이 만들기

1. 배추는 길쭉길쭉하게 썰어 소금물에 1시간 정도 절인 후 씻어 채반에 건져 물기를 빼 놓는다.(절인 배추 분량 2.5kg)

2. 믹서기에 찹쌀풀과 마른 건고추／새우젓을 넣고 갈아 놓는다.

3. 물기를 빼 놓은 배추에 건고추 갈은 것과 고춧가루를 넣고 골고루 색을 들인다.

4. 색을 들인 배추에 분량의 양념 재료를 넣고 골고루 버무린다.

5. 버무려진 겉절이에 실파를 넣어 살살 버무린 후, 통깨를 뿌려 마무리한다.

 땅콩조림

땅콩조림 재료 및 중량

재료	중량	원가 산출
생땅콩	1kg	
간장	150g	
정종	60g	
설탕	30g	
물	250g	
검은 물엿	150g	
통깨	10g	

● 땅콩조림 만들기

1. 생땅콩은 깨끗이 씻어 끓는 물에 약 10분 정도 삶아 건져 낸다.
2. 냄비에 분량의 간장/물/정종/설탕을 넣어 끓인다.
3. 끓고 있는 양념에 삶은 땅콩을 넣어 끓이다가 중간쯤 검은 물엿을 넣는다.
4. 불을 낮게 줄이고 서서히 윤기나게 땅콩을 졸인 후 불을 끄고 통깨를 뿌린다.

 두부조림

두부조림 재료 및 중량

재료	중량	원가 산출
두부	1kg	
진간장	100g	
정종	20g	
식용유	50g	
설탕	20g	
요리당	50g	
실파	50g	
홍고추	20g	
청고추	20g	
참기름	20g	
생수	200g	
통깨	약간	
소금	약간	
갈은 마늘	20g	

● 두부조림 만들기

1. 두부는 두툼하게 썰어서 소금을 뿌려 놓는다.
2. 실파는 송송 썰고, 청·홍고추도 송송 썰어 놓는다.
3. 소금에 절인 두부는 물기를 제거하고, 팬에 식용유를 넣고 뜨거워지면 두부를 넣고 앞·뒤를 돌려가며 노릇노릇하게 지진다.
4. 냄비에 간장과 설탕/요리당/갈은 마늘/물을 넣고 끓인다.
5. 끓고 있는 양념에 지져 놓은 두부를 넣고 졸인다.
6. 중불로 불을 낮추고, 양념장을 골고루 끼얹어 가며 참기름을 넣고 윤기나게 졸인다.
7. 졸인 두부에 청·홍고추를 올려 완성한다.

풋고추된장무침

풋고추된장무침 재료 및 중량

재료	중량	원가 산출
풋고추	1kg	
된장	200g	
갈은 마늘	30g	
요리당	50g	
통깨	10g	

● 풋고추된장무침 만들기

1. 풋고추는 동글동글하게 썰어서 찬물에 담가 씨를 제거하고 건져 체에 받쳐 물기를 제거한다.

2. 된장에 요리당과 갈은 마늘을 넣어 골고루 배합시킨다.

3. 물기를 제거한 풋고추를 배합시킨 된장 양념에 넣고 버무린다.

4. 풋고추 무침에 통깨를 살살 뿌려 마무리한다.

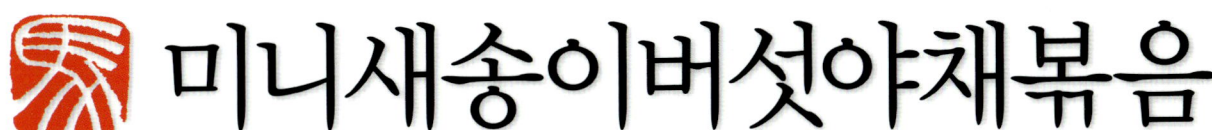 미니새송이버섯야채볶음

미니새송이버섯야채볶음 재료 및 중량

재료	중량	원가 산출
미니새송이버섯	1kg	
파프리카	200g	
양파	200g	
당근	100g	
맛소금	20g	
식용유	100g	
참기름	50g	
통깨	약간	

● 미니새송이버섯야채볶음 만들기

1. 미니새송이버섯은 살짝 데쳐 찬물에 씻어 채반에 건져 물기를 빼 놓는다.
2. 양파와 당근은 채를 썰어 놓는다.
3. 파프리카는 반을 갈라 속 씨를 제거하고 채를 썰어 놓는다.
4. 팬에 식용유를 두르고 따끈해지면 미니새송이버섯을 넣고 볶는다.
5. 볶아지는 미니새송이버섯에 맛소금을 솔솔 뿌리고 살짝 볶다가 참기름을 넣는다.
6. 불을 끄고, 통깨를 솔솔 뿌려 마무리한다.

 콩나물겨자채

콩나물겨자채 재료 및 중량

재료	중량	원가 산출
콩나물	1kg	
오이	200g	
당근	30g	
발효 겨자	70g	
설탕	150g	
식초	150g	
소금	5g	
참기름	5g	

● 콩나물겨자채 만들기

1. 콩나물은 다듬어 씻어서 살짝 찐다.
2. 찐 콩나물은 찬물에 열기를 식혀 건져 채반에 담아 물기를 제거한다.
3. 오이와 당근은 채를 곱게 썰어 찬물에 담가 건져 체에 받쳐 물기를 제거한다.
4. 발효 겨자에 설탕/식초/소금을 넣고 골고루 섞어 배합시킨다.
5. 배합된 겨자 양념에 콩나물과 오이/당근을 넣고 살살 버무린다.
6. 버무려진 콩나물에 참기름을 넣고, 다시 한 번 더 버무려 완성한다.

 야채전

야채전 재료 및 중량

재료	중량	원가 산출
찹쌀가루	100g	
밀가루	300g	
소고기 분말	10g	
당근	100g	
깻잎	50g	
홍고추	30g	
풋고추	30g	
양파	200g	
호박	300g	
연유	50g	
생수	650g	
소금	20g	
식용유	100g	

● 야채전 만들기

1. 당근과 호박 / 양파는 채를 썰어 소금에 살짝 절여 찬물에 헹구어 물기를 꼭 짜 놓는다.
2. 찹쌀가루에 밀가루와 소고기 분말을 넣고 소금으로 간을 하고, 물을 부어가며 거품기로 멍울이 지지않게 잘 섞어 놓는다.
3. 반죽이 된 밀가루에 연유를 넣고 다시 한 번 더 저어 준다.
4. 물기를 꼭 짜 놓은 야채를 반죽된 밀가루에 넣고 섞는다.
5. 팬에 식용유를 두르고 팬이 뜨끈해지면 준비한 반죽을 동그랗게 넣고 앞·뒤를 노릇하게 지져낸다.

 감자잡채

감자잡채 재료 및 중량

재료	중량	원가 산출
감자	1kg	
피망	200g	
당근	30g	
양파	70g	
맛소금	150g	
천일염	150g	
들깨	5g	
들기름	50g	
식용유	30g	

● 감자잡채 만들기

1. 감자는 곱게 채를 썰어 끓는 물에 소금을 넣고 살짝 데쳐, 채반에 펼쳐서 식혀 놓는다.

2. 피망은 반을 갈라 속 씨를 제거하고 채를 썰어 놓는다.

3. 당근/양파도 채를 썰어 소금에 살짝 절여 찬물에 헹구어 물기를 꼭 짜 놓는다.

4. 팬에 식용유와 들기름을 섞어 두르고, 팬이 뜨겁게 달구어 졌을 때 감자에 맛소금을 뿌려서 볶는다.

5. 감자를 볶다가 중간에 양파/당근/피망 채도 넣고 볶아 준다.

6. 감자가 다 볶아지면 불을 끄고, 들깨를 뿌려 마무리한다.

 # 비름나물된장무침

비름나물된장무침 재료 및 중량

재료	중량	원가 산출
데친 비름나물	1kg	
된장	200g	
고추장	50g	
갈은 마늘	70g	
생수	50g	
참기름	10g	
통깨	5g	

● 비름나물된장무침 만들기

1. 데친 비름나물은 찬물에 헹구어 물기를 꼭 짜 놓는다.
2. 물기를 짜 놓은 비름나물을 먹기 좋게 썰어 놓는다.
3. 된장에 고추장과 생수를 넣고 골고루 섞은 후, 갈은 마늘을 넣어 섞는다.
4. 데친 비름나물에 배합시킨 양념을 넣고 버무린다.
5. 버무려진 비름나물에 참기름과 통깨를 넣고 다시 버무려 마무리 한다.

 깻잎나물볶음

깻잎나물볶음 재료 및 중량

재료	중량	원가 산출
데친 깻잎나물	1kg	
국간장	50g	
진간장	100g	
조미료	5g	
갈은 마늘	60g	
다진 파	20g	
통깨	5g	
참기름	20g	
식용유	10g	

● 깻잎나물볶음 만들기

1. 데친 깻잎나물은 찬물에 여러 번 헹구어 물기를 꼭 짜 놓고 준비한다.

2. 물기를 짜 놓은 깻잎나물에 국간장 / 진간장을 섞어 넣고, 갈은 마늘 / 조미료 / 다진 파를 넣어 버무린다.

3. 팬에 식용유를 넣고 팬이 달구어지면 버무린 깻잎나물을 넣어 볶는다.

4. 깻잎나물은 오래 볶지 않고 간이 스며들 정도로 볶는다.

5. 불을 끄고, 통깨를 살살 뿌려 마무리한다.

단호박조림

단호박조림 재료 및 중량

재료	중량	원가 산출
단호박	3통	
건포도	100g	
흰물엿	2kg	
설탕	50g	
소금	5g	
물	2kg	

● 단호박조림 만들기

1. 냄비에 흰물엿과 물/설탕/소금을 넣고 팔팔 끓인다.

2. 단호박을 깨끗이 씻어 속을 파 내고, 1/8등분으로 잘라 놓는다.

3. 끓이고 있는 물엿장에 준비한 단호박을 넣는다.

4. 물엿장이 끓으면 불을 줄이고 은근히 졸인다.

5. 끓는 중간쯤에 건포도를 넣고, 호박이 익으면 마무리한다.

 쥐포채볶음

쥐포채볶음 재료 및 중량

재료	중량	원가 산출
쥐포채	1kg	
진간장	30g	
설탕	70g	
참기름	20g	
풋고추	20g	
홍고추	20g	
통깨	5g	
식용유	약간	

● 쥐포채볶음 만들기

1. 쥐포채는 먹기 좋은 길이로 잘라 놓는다.

2. 잘라 놓은 쥐포채에 진간장/참기름/설탕을 골고루 버무린다.

3. 팬에 식용유를 살짝 두르고 불을 약하게 낮춘 후, 버무린 쥐포채를 살짝 볶아 준다.

4. 풋고추/홍고추는 씨를 제거하고 길게 채를 썰어 놓는다.

5. 살짝 볶은 쥐포채에 통깨를 뿌리고, 풋고추/홍고추를 섞는다.

 고추무생채

고추무생채 재료 및 중량

재료	중량	원가 산출
풋고추	1.5kg	
고춧가루	250g	
설탕	50g	
볶은 소금(양념)	20g	
까나리액젓	150g	
조미료	10g	
갈은 마늘	20g	
갈은 생강	5g	
무채	1kg	
통깨	약간	

● 고추무생채 만들기

1. 고추는 가운데에 칼집을 넣어 소금에 살짝 절인다.
2. 무는 채를 곱게 썰어 소금에 살짝 절여 물기를 꼭 짜 놓는다.
3. 물기를 짜 놓은 무채에 고춧가루를 넣고 골고루 버무려서 고춧가루 색을 들인다.
4. 색을 들인 무채에 준비한 나머지 양념을 넣고 다시 버무린 후 통깨를 뿌려 놓는다.
5. 소금에 살짝 절인 고추를 씻어서 건지고, 칼집 넣은 고추 사이사이에 버무려 놓은 무생채로 고추속을 채워 마무리한다.

 애호박나물

애호박나물 재료 및 중량		
재료	중량	원가 산출
애호박	1kg	
새우젓	50g	
갈은 마늘	20g	
홍고추 또는 당근	10g	
실파	20g	
조미료	2g	
참기름	20g	
통깨	10g	
식용유	20g	
천일염	20g	

● 애호박나물 만들기

1. 애호박은 반으로 잘라 반달 모양으로 썰어 소금에 살짝 절인다.
2. 절인 애호박을 물에 헹구어 물기를 꼭 짜 놓는다.
3. 홍고추는 씨를 제거하고 길쭉길쭉하게 썰고, 실파는 길이로 썰어 놓는다.
4. 팬에 식용유를 넣고, 물기를 꼭 짜 놓은 애호박을 넣고 살짝 볶다가 새우젓을 넣어 간을 하고, 조미료/홍고추를 넣어 살짝 볶는다.
5. 불을 끄고, 실파와 참기름/통깨를 뿌려 마무리한다.

※홍고추 대신 당근을 사용하기도 한다.

 야채달걀말이

야채달걀말이 재료 및 중량

재료	중량	원가 산출
달걀	50개	
당근	50g	
청고추	30g	
실파	50g	
맛소금	10g	
식용유	50g	

● 야채달걀말이 만들기

1. 청고추는 반으로 갈라 물에 담가 씨를 제거하고, 건져서 다진다.
2. 당근은 씻어서 다져 놓는다.
3. 실파는 송송 썰어 놓고, 달걀은 풀어서 맛소금으로 간을 해 놓는다.
4. 풀어 놓은 달걀에 당근/청고추/실파를 넣고 거품기로 잘 섞는다.
5. 팬에 식용유를 넉넉히 넣고 달군다.
6. 팬이 따끈하게 달구어지면, 달걀물을 붓고 불을 조절하면서 돌돌 달걀말이를 한다.
7. 달걀말이 완성 후 뜨거울 때 김발로 말아 놓으면 단단하게 형태를 만들 수 있다.

무말랭이무침

무말랭이무침 재료 및 중량

재료	중량	원가 산출
무말랭이	1kg	
불린 고춧잎	100g	
갈은 마늘	250g	
굵은 고춧가루	120g	
검은 물엿	800g	
진간장	450g	
조미료	5g	
매실액	100g	
설탕	250g	
통깨	10g	
볶은 소금	60g	
생수	400g	

● 무말랭이무침 만들기

1. 무말랭이는 미지근한 물에 약 30분 정도 불린다.
2. 불린 고춧잎은 이물질이 없게 여러 번 깨끗이 씻어 물기를 꼭 짜 놓는다.
3. 냄비에 분량의 물과 간장을 넣고 팔팔 끓이다가 중간에 검은 물엿을 넣는다.
4. 끓고 있는 양념에 설탕/소금/조미료를 넣고 다시 끓인다.
5. 끓고 있는 양념은 불을 끄고 충분히 식힌 후, 고춧가루와 매실액을 넣는다.
6. 불린 무말랭이는 찬물에 여러 번 깨끗이 씻어 건져 물기를 꼭 짜 놓는다.
7. 식힌 양념장에 무말랭이/고춧잎을 넣고 골고루 버무린 후, 통깨를 뿌려 마무리한다.

마늘쫑무침

마늘쫑무침 재료 및 중량

재료	중량	원가 산출
마늘쫑	1kg	
조미료	3g	
진간장	100g	
고춧가루	50g	
고추장	100g	
통깨	20g	
참기름	20g	
물엿	100g	
설탕	50g	

● 마늘쫑무침 만들기

1. 마늘쫑은 5cm 길이로 썰어 끓는 물에 살짝 데쳐 찬물에 헹구어 체에 받쳐 물기를 빼 놓는다.
2. 고추장에 고춧가루와 물엿 / 설탕을 넣고 골고루 저어가며 섞는다.
3. 고추장 양념에 썰어 놓은 마늘쫑을 넣고 버무린다.
4. 버무려진 마늘쫑에 통깨를 솔솔 뿌려 담는다.

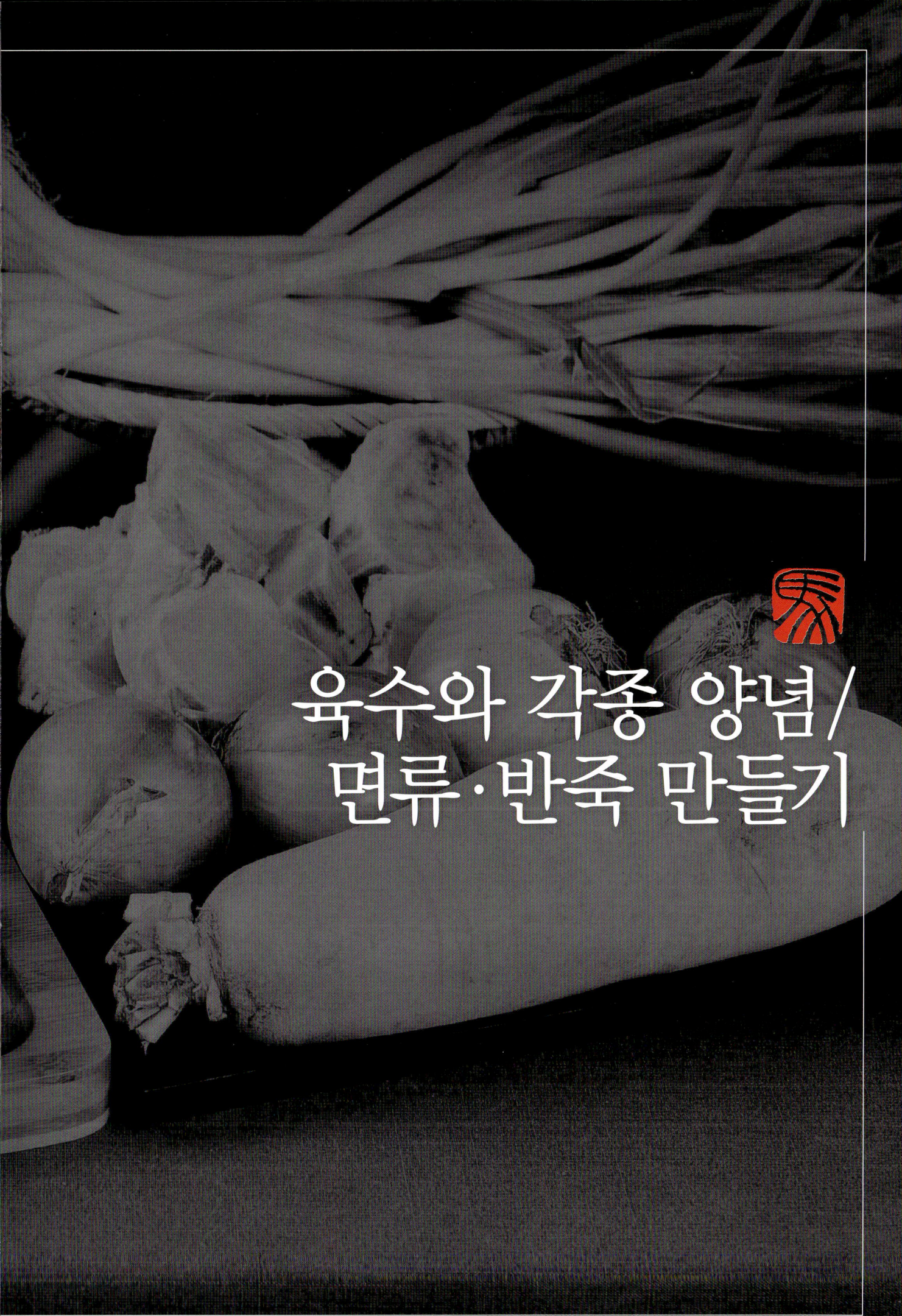

육수와 각종 양념/
면류·반죽 만들기

닭 육수

닭 육수 재료 및 중량

재료	중량	원가 산출
닭발	2kg	
무	500g	
통마늘	200g	
통생강	80g	
통후추	5g	
월계수잎	5장	
소주	300g	
된장	100g	
통양파	300g	
대파 뿌리	20g	
물	50kg	

● 닭 육수 만드는 법

1. 닭발은 껍질과 발톱을 벗겨 밀가루를 넣고 조물조물 주물러 씻는다.
2. 씻은 닭발에 물을 자작하게 붓고, 된장 / 월계수잎을 넣고 약 30분 끓인다.
3. 끓고 있는 닭발에 소주를 100g 정도 붓는다.
4. 30분 후 닭발을 건져 찬물에 헹구어 건져 놓는다.
5. 물 50kg에 삶아 건진 닭발을 넣고, 통양파 / 통마늘 / 월계수잎 / 대파 뿌리 / 통생강 / 무 / 소주를 넣고 약 3시간 정도 불을 조절하면서 끓인다.
6. 센불(30분) / 중불(90분) / 약불(60분)의 순으로 끓인다.
7. 가끔 거품을 걷어 낸다.

돼지 육수

돼지 육수 재료 및 중량

재료	중량	원가 산출
돼지 도가니뼈	2kg	
돼지 잡뼈	2kg	
돼지 사골	2kg	
통양파	400g	
통무	700g	
통마늘	200g	
월계수잎	5장	
대파 뿌리	20g	
통후추	5g	
된장	200g	
통생강	120g	
물	60kg	

● 돼지 육수 만드는 법

1. 돼지 잡뼈와 사골 / 도가니뼈는 6시간 이상 물에 담가 건진다.
2. 사골과 돼지 잡뼈 / 돼지 도가니뼈에 물을 자작하게 담고, 월계수잎 2장 / 통후추 2g / 소주 / 된장 / 통생강 20g을 넣고, 센불에 약 1시간 정도 끓인다.
3. 끓인 돼지 사골 / 잡뼈 / 돼지 도가니뼈를 깨끗이 씻어 놓는다.
4. 육수통에 물을 담고, 돼지 사골 / 돼지 잡뼈 / 돼지 도가니뼈 / 통무 / 통양파 / 월계수잎 / 통후추 / 대파 뿌리 / 통생강 / 소주를 붓고 약 6시간 이상 불을 조절하면서 끓인다.
5. 중간중간에 떠오르는 기름은 걷어 낸다.
6. 불을 끄고, 바로 야채는 체로 건져 낸다.

 # 사골 육수

사골 육수 재료 및 중량

재료	중량	원가 산출
사골	2kg	
소 잡뼈	2kg	
마구리뼈	1kg	
통양파	400g	
통무	700g	
통마늘	200g	
월계수잎	5장	
대파 뿌리	20g	
정종	300g	
통후추	5g	
물	50kg	

● 사골 육수 만드는 법

1. 소 잡뼈와 사골 / 마구리뼈는 6시간 이상 물에 담가 건진다.
2. 사골과 소 잡뼈 / 마구리뼈에 물을 자작하게 담고, 월계수잎 2장 / 통후추 2g / 정종 100g을 붓고 약 1시간 정도 센불로 끓인다.
3. 끓인 사골 / 소 잡뼈 / 마구리뼈를 깨끗이 씻는다.
4. 육수통에 물을 담고, 사골 / 소 잡뼈 / 마구리뼈 / 통무 / 통양파 / 월계수잎 / 통후추 / 대파 뿌리 / 정종을 붓고 약 6시간 이상 불을 조절하면서 끓인다.
5. 중간중간에 떠오르는 기름은 걷어 낸다.
6. 불을 끄고, 바로 야채는 체로 건져 낸다.

소고기 육수

소고기 육수 재료 및 중량

재료	중량	원가 산출
양지	2kg	
소 잡뼈	2kg	
통양파	400g	
통무	700g	
통마늘	200g	
월계수잎	5장	
대파 뿌리	20g	
정종	300g	
통후추	5g	
물	50kg	

● 소고기 육수 만드는 법

1. 소 잡뼈는 6시간 이상 물에 담가 건진다.
2. 소 잡뼈와 물을 자작하게 담고, 월계수잎 2장 / 통후추 2g / 정종 100g을 붓고 약 1시간 동안 센불로 끓인다.
3. 끓인 소 잡뼈를 깨끗이 씻는다.
4. 육수통에 물을 담고, 양지 / 소 잡뼈 / 통무 / 통양파 / 월계수잎 / 통후추 / 대파 뿌리 / 정종을 붓고 약 6시간 이상 끓인다.
5. 센불(1시간) / 중불(4시간) / 약불(1시간) 이상 끓인다.
6. 중간중간에 거품은 충분히 걷어 내고 육수를 끓이고, 바로 야채는 건져 낸다.
7. 양지는 1시간 20분만 삶아 건져 놓는다.

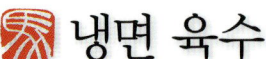 해물 육수

해물 육수 재료 및 중량

재료	중량	원가 산출
마른 홍합	100g	
다시마	20g	
꽃새우	100g	
다시 멸치	50g	
통양파	400g	
통마늘	200	
고추씨	10g	
무	500g	
물	50kg	

● 해물 육수 만드는 법

1. 무와 통양파는 껍질째 깨끗이 씻어 놓는다.

2. 육수통에 물을 50kg 담는다.

3. 50kg 담긴 물에 무와 통양파를 넣는다.

4. 3번에 다시 멸치 / 고추씨 / 통마늘 / 마른 홍합 / 다시마 / 꽃새우를 넣고 2시간 끓인다.

5. 센불(30분) / 중불(60분) / 약불(30분)의 순으로 끓인다.

6. 중간중간에 떠 오르는 거품은 걷어 낸다.

7. 육수 보자기 또는 삼베에 재료를 넣고 끓이면 깊은 맛이 약간 감소된다.

냉면 육수

냉면 육수 재료 및 중량

재료	중량	원가 산출
닭	1kg	
양지	2kg	
사태	1kg	
통무	1kg	
통마늘	200g	
월계수잎	1장	
대파 뿌리	20g	
정종	300g	
통후추	2g	
통양파	400g	
감초	2g	
물	50kg	

● 냉면 육수 만드는 법

1. 닭은 통째로 깨끗이 씻는다.

2. 육수통에 물을 50kg 담는다.

3. 무는 껍질째 씻어 통째로 육수통에 담는다.

4. 2번 통에 닭 / 양지 / 사태 / 무 외에 준비한 재료를 모두 넣는다.

5. 센불에서 약 30분 정도 끓인다.

6. 불을 중불로 줄이고 60분 끓인다.

7. 중불에서 약불로 30분 끓인다.

8. 중간중간에 떠오르는 거품과 기름은 걷어 낸다.

9. 불을 끄고, 야채와 고기는 바로 건진다.

10. 차갑게 식힌 후, 기름을 다시 건져 낸다.

 # 동치미 / 동치미 육수

동치미 / 동치미 육수 재료 및 중량

재료	중량	원가 산출
무	2kg	
뉴슈가	30g	
천일염	100g	
양파	70g	
배	150g	
통마늘	60g	
미나리	20g	
새우젓	10g	
조미료	2g	
설탕	40g	
찹쌀 풀	100g	
사이다	350g	
물	6kg	

● 동치미 만드는 법

1. 무는 깨끗이 씻어 큼직큼직하게 썰어 놓는다.
2. 배는 큼직하게 잘라 놓고, 미나리는 5cm 길이로 썰어 놓는다.
3. 물에 천일염을 풀어 한 번 끓여서 식혀 놓는다.
4. 식힌 소금물에 썰어 놓은 무/미나리/배/양파/통마늘을 큼직하게 넣는다.
5. 나머지 양념과 사이다를 넣고 골고루 섞는다.
6. 섞은 동치미를 상온에서 약 이틀 정도 숙성 후 냉장고에 차갑게 보관한다.

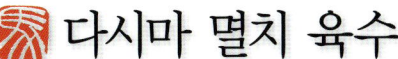 # 다시마 멸치 육수

다시마 멸치 육수 재료 및 중량

재료	중량	원가 산출
다시마	30g	
다시 멸치	200g	
무	600g	
통마늘	200g	
통생강	60g	
통양파	200g	
대파 뿌리	20g	
물	50kg	

● 다시마 멸치 육수 만드는 법

1. 무는 껍질째 깨끗이 씻어 놓는다.
2. 양파는 껍질을 벗기고 씻어 놓는다.
3. 육수통에 물을 50kg 담는다.
4. 다시마는 통으로 준비하고 젖은 행주로 염분을 닦아 놓는다.
5. 준비된 육수통에 다시마와 멸치를 넣는다.
6. 5번에 나머지 재료를 넣고 끓인다.
7. 중간중간 거품을 걷어 낸다.
8. 센불(30분) / 중불(60분) / 약불(30분)로 조절하고 2시간 정도 끓인다.

멸치 육수

멸치 육수 재료 및 중량

재료	중량	원가 산출
다시 멸치(죽방 멸치)	200g	
보리새우	30g	
무	600g	
통마늘	200g	
통생강	60g	
통양파	500g	
대파 뿌리	20g	
다시마	20g	
고추씨	10g	
물	50kg	

● 멸치 육수 만드는 법

1. 무는 껍질째 씻어 놓는다.
2. 육수통에 물을 50kg 담는다.
3. 다시마는 젖은 행주로 염분을 닦아 육수통에 넣는다.
4. 2번 육수통에 다시 멸치/통무/통양파/통생강/보리새우/고추씨/대파 뿌리를 넣는다.
5. 중간중간에 거품은 걷어 내고, 센불/중불/약불로 2시간 끓인다.
6. 2시간 후 불을 끄고, 끓인 재료는 모두 건져 낸다.

볶은 소금

볶은 소금 재료 및 중량

재료	중량	원가 산출
천일염	1kg	

● 볶은 소금 만드는 법

1. 간수를 뺀 천일염을 준비한다.
2. 두꺼운 팬에 천일염을 넣고 나무주걱으로 은근히 1시간 정도 볶아 준다.
3. 불을 끄고 열기를 완전히 식혀, 절구 또는 믹서기에 갈아서 사용한다.

오리 육수

오리 육수 재료 및 중량

재료	중량	원가 산출
오리뼈	5kg	
닭뼈	2kg	
통마늘	200g	
월계수잎	2장	
소주	1병	
통생강	80g	
통후추	5g	
대파 뿌리	20g	
통양파	300g	
물	50kg	

● 오리 육수 만드는 법

1. 오리뼈와 닭뼈는 찬물에 약 1시간 정도 담가 건져 놓는다.
2. 팬에 건진 뼈를 살짝 소주를 붓고 볶는다.
3. 육수통에 물을 담아 볶은 뼈를 담고, 통마늘/월계수잎/통생강/통후추/대파 뿌리를 넣고 센불(30분)/중불(1시간)/약불(1시간)로 끓인다.
4. 중간중간 거품을 걷어 낸다.

칼국수면

칼국수면 반죽 재료 및 중량

재료	중량	원가 산출
밀가루	10kg	
녹말가루	400g	
식용유	300g	
소금	50g	
물	5kg	

● 칼국수면 반죽 만드는 법

1. 밀가루 반죽기에 밀가루/녹말/식용유/물/소금을 넣는다.
2. 반죽기의 타이머를 15~20분으로 맞춰 놓는다.
3. 칼국수 반죽을 꺼내 상온에 2시간, 냉장고에서 4시간 정도 숙성 후 사용한다.
4. 반죽기/밀가루 수분에 따라 반죽이 차이가 날 수 있다.

황태 육수

황태 육수 재료 및 중량

재료	중량	원가 산출
황태 머리	200g	
다시 멸치	100g	
무	600g	
통마늘	200g	
통생강	60g	
통양파	200g	
대파 뿌리	20g	
다시마	20g	
보리새우	30g	
물	50kg	

● 황태 육수 만드는 법

1. 황태 머리는 물에 20분 정도 담가 건진다.
2. 육수통에 물 50kg을 담아 놓는다.
3. 다시마는 젖은 행주로 염분을 닦아 놓는다.
4. 2번에 황태 머리 / 다시 멸치 / 무 / 양파 / 대파 뿌리 / 통생강 / 통마늘을 넣고 약 2시간 불을 조절하면서 끓인다.

부추 간장

부추 간장 재료 및 중량

재료	중량	원가 산출
진간장	200g	
설탕	50g	
고운 고춧가루	30g	
통깨	20g	
정종	50g	
부추	50~100g	
참기름	20g	
요리당	20g	
생수	200g	

● 부추 간장 만드는 법

1. 진간장에 설탕과 요리당을 넣고 골고루 섞어 설탕을 녹인다.
2. 녹인 간장에 고운 고춧가루 / 생수 / 정종을 넣고 섞은 후 통깨를 넣는다.
3. 부추는 깨끗이 씻어 송송 썰어 놓는다.
4. 먹기 직전에 만들어 놓은 간장에 부추와 참기름을 섞어 제공한다.

닭 한 마리 칼국수 양념

닭 한 마리 칼국수 양념 재료 및 중량

재료	중량	원가 산출
마른 고추	50g	
홍고추	100g	
까나리액젓	100g	
조미료	10g	
갈은 마늘	50g	
갈은 생강	20g	
갈은 양파	50g	
소주	100g	
고춧가루	150g	
설탕	20g	
요리당	50g	
실파	50g	
육수	300g	

● 닭 한 마리 칼국수 양념 만드는 법

1. 마른 고추와 홍고추 / 까나리액젓 / 육수를 믹서기에 넣고 곱게 갈아 놓는다.
2. 실파는 송송 썰어 놓는다.
3. 1번 양념에 나머지 양념을 넣고 골고루 섞어 놓는다.
4. 섞여진 양념에 썰어 놓은 실파를 섞고, 냉장고에 보관 후 사용한다.

초고추장

초고추장 재료 및 중량

재료	중량	원가 산출
고추장	1kg	
설탕	200g	
물엿	100g	
식초	200g	
생강즙	50g	
사이다	200g	

● 초고추장 만드는 법

1. 고추장에 설탕 / 물엿을 넣고 거품기로 충분히 저어 설탕을 녹인다.
2. 1번 양념에 생강즙과 사이다를 조금씩 넣어가면서 고추장을 풀어 놓는다.
3. 풀어 놓은 고추장에 식초를 넣고 섞는다.
4. 냉장 보관 후 사용한다.

도가니 양념장 및 고깃장

도가니 양념장 및 고깃장 재료 및 중량

재료	중량	원가 산출
진간장	800g	
물엿	200g	
설탕	200g	
정종	100g	
통후추	5g	
편마늘	100g	
마른 고추	5g	
양파	200g	
물	1.2kg	

● 도가니 양념장 및 고깃장 만드는 법

1. 냄비에 간장과 물엿/설탕/통후추/편마늘/마른 고추/양파/물을 넣고 약한 불에서 은근히 끓인다.
2. 끓이는 중간에 정종을 넣는다.
3. 양념이 반쯤 졸여지면 불을 끄고, 체에 걸러 놓는다.
4. 완전히 식혀 냉장 보관한다.
5. 도가니 양념으로 사용할 경우 고깃장에 갈은 마늘/와사비를 넣는다.
6. 고깃장으로 사용할 경우 와사비만 넣고 사용한다.

겨자 간장

겨자 간장 재료 및 중량

재료	중량	원가 산출
진간장	500g	
설탕	100g	
발효 겨자	100g	
정종	20g	
생수	300g	

● 겨자 간장 만드는 법

1. 30℃ 정도의 따뜻한 물에 발효 겨자를 동량으로 넣고, 빠르게 저어 톡 쏘는 향이 나오게 발효시킨다.
2. 진간장에 설탕을 넣고 충분히 녹인다.
3. 설탕을 녹인 간장에 발효 겨자와 생수/정종을 넣고 섞는다.
4. 냉장고에 보관 후 사용한다.

매운 양념(다데기)

매운 양념(다데기) 재료 및 중량

재료	중량	원가 산출
마른 고추	20g	
홍고추	50g	
새우젓	100g	
조미료	10g	
갈은 마늘	50g	
갈은 생강	10g	
갈은 양파	30g	
소주	100g	
매운 고춧가루	100g	
설탕	10g	
육수	200g	

● 매운 양념 만드는 법

1. 마른 고추와 홍고추/새우젓을 믹서기에 넣고 육수를 붓고 갈아 놓는다.
2. 1번 양념에 고춧가루를 넣고 불린다.
3. 불린 고춧가루에 갈은 마늘/갈은 양파/갈은 생강/조미료/소주/설탕을 넣고 골고루 섞어 놓는다.
4. 냉장고에 보관 후 사용한다.

비빔 고추장

비빔 고추장 재료 및 중량

재료	중량	원가 산출
고추장	500g	
매실액	100g	
갈은 마늘	50g	
설탕	30g	
통깨	10g	
정종	50g	
사이다	100g	

● 비빔 고추장 만드는 법

1. 고추장에 설탕을 섞어 저어가며 녹인다.
2. 1번 양념에 사이다/정종을 붓고 매실액을 넣어 골고루 섞는다.
3. 섞여진 비빔장에 나머지 재료를 넣고 섞어 냉장 보관 후 사용한다.

간단한 불고기 양념장

간단한 불고기 양념장 재료 및 중량

재료	중량	원가 산출
간장	150g	
설탕	60g	
배	100g	
다진 파	30g	
갈은 마늘	40g	
정종	50g	
후춧가루	2g	
참기름	20g	
통깨	10g	
파인애플	20g	
생수	100g	

● 간단한 불고기 양념장 만드는 법

1. 배와 파인애플은 믹서기에 곱게 갈아 놓는다.
2. 간장과 생수를 섞는다.
3. 섞여진 간장에 설탕을 넣고 거품기로 저어가면서 설탕을 충분히 녹인다.
4. 설탕을 녹인 간장에 갈은 배와 파인애플을 넣고 섞는다.
5. 배합된 양념에 나머지 양념을 넣고, 6시간 숙성 후 불고기 양념장으로 사용한다.

와사비 간장

와사비 간장 재료 및 중량

재료	중량	원가 산출
진간장	500g	
설탕	200g	
와사비	100g	
정종	100g	
생수 또는 육수	300g	

● 와사비 간장 만드는 법

1. 와사비 가루는 찬물을 넣고 골고루 섞어 놓는다.
2. 1번 와사비에 진간장 / 설탕을 넣고 거품기로 저어가며 설탕을 완전히 녹인다.
3. 녹여진 간장에 생수 또는 육수를 섞고 정종도 섞는다.
4. 정종 대신 김이 빠진 소주를 사용하기도 한다.

수제비 반죽

수제비 반죽 재료 및 중량

재료	중량	원가 산출
밀가루	10kg	
녹말가루	500g	
식용유	500g	
소금	50g	
물	5.5kg	

● 수제비 반죽 만드는 법

1. 반죽기에 밀가루 / 녹말가루 / 식용유 / 소금 / 물을 넣는다.
2. 약 20분 정도로 타이머를 맞춰 놓는다.
3. 수제비 반죽을 비닐에 담아 상온에서 4시간 숙성시킨다.
4. 숙성된 반죽을 한 번 치대고, 냉장고에서 3시간 숙성시킨 후 사용한다.

달래 간장

달래 간장 재료 및 중량

재료	중량	원가 산출
진간장	200g	
설탕	20g	
고운 고춧가루	30g	
통깨	20g	
정종	50g	
달래	50~100g	
참기름	20g	
요리당	10g	
생수	200g	

● 달래 간장 만드는 법

1. 진간장에 설탕과 요리당을 넣고 골고루 섞어 설탕을 녹인다.
2. 녹인 간장에 고운 고춧가루 / 생수 / 정종을 넣고 섞은 후 통깨를 넣는다.
3. 달래는 뿌리를 다듬고 깨끗이 씻어 건진 후 1cm 길이로 썰어 놓는다.
4. 먹기 직전에 만들어 놓은 간장에 달래와 참기름을 섞어 제공한다.

❖ 식자재 물품 예상 원가표

야채류

야채류	중량 100g
당근	250원
양파	200원
청양고추	800원
홍고추	250원
대파	500원
콩나물	200원
태국고추	170원
양배추	200원
실파	400원
갈은생강	350원
갈은마늘	400원
깻잎	200원
통마늘	400원
통생강	350원
고구마	400원
청경채	800원
피망	500원
파프리카	800원
브로콜리	600원
양상추	700원
오이	400원
부추	600원
파슬리가루	100원
샐러리	700원
비타민	600원
김치	120원
미나리	700원
적채	700원
무	600원
배추	1통/2,000원
쑥갓	600원
감자	250원
호박	500원
옥수수	400원
단호박	1,200원
팽이버섯	500원
새송이버섯	600원
마른홍고추	800원
묵은지	200원
양송이버섯	800원
느타리버섯	500원
겨자채	600원
케일	600원
참나물	300원
숙주	350원
표고버섯	350원
묵	200원
무말랭이	800원
단무지	350원
우거지	500원
서리태	120원
쌀	200원
밤콩	100원
레몬	600원
무순	500원
도라지	700원
고사리	800원
상추	700원
새싹	900원
당귀잎	400원
겨자잎	400원
케일잎	400원
비트잎	400원
신선초	400원
레드치커리	400원
로즈잎	400원
쌈추	400원
토란대	600원
시래기	500원
쥬키니호박	400원

해물류

해물류	중량 100g 및 마리
낙지	500원
오징어	1마리/900원
가리비	1개 700원
홍합	300원
절단꽃게	700원
대하	1개당 700원
그린	500원
맛조개	800원
냉동참치	2,500원
게맛살	400원
해파리	400원
마른오징어	1마리/1,500원
백합조개	800원
동죽	500원
모시조개	700원
대합	1,000원
중합	800원
대맛조개	800원
민들조개	700원
곤약	200원
동태알	300원
대구고니	800원
대구알	900원
주꾸미	800원
보리새우	1,000원
굴	900원
조개살	1,500원
깐새우	2,500원
키조개	1개/1,200원
황태	1마리/1,800원
장어	1마리/4,000원
칵델새우	100/1,800원
아귀	1마리/3,000원
꽃게	1마리/1,200원
미더덕	1,000원
황태채	1,500원
관자	800원
바지락	400원
새우젓	500원
날치알	3,000원
모듬회	1,200원
멍개	2,500원
우렁이	800원
한치알	900원
전복	1마리/3,000원
생선알	100/900원
동태	1마리/1,500원
고니	600원
고등어	1마리/1,500원
숭어	1마리/2,500원
우럭	1마리/2,500원
병어	1마리/900원
갈치	1마리/4,000원
가자미	1마리/1,200원

고기류

고기류	중량 100g
오돌뼈	300원
곱창	200원
닭가슴살	700원
족발	1kg/4,000원
훈제오리	900원
생닭	한 마리/4,500
돼지껍데기	200원
돼지목살	900원
닭발	300원
소고기민찌	800원
소불고기	1,300원
오리고기	800원
삼겹살	900원
우삼겹	1,300원

고기류

고기류	중량 100g
닭모래집	300원
돼지갈비	1,300원
소갈비	1,700원
등갈비	900원
순대	400원
소고기기름	200원
샤브소고기	1,200원
샤브오리	700원
전지	800원
닭봉	800원
양지머리	1,600원
사태	1,400원
돼지민찌	600원
육회	3,000원
양	100/400원
오소리감투	100/350원
머릿고기	100/300원
허파	100/200원
간	100/200원
삼계닭	1마리/1,800원
돼지등뼈	100/250원
소뼈	100/500원
도가니	100/1,200원
힘줄	100/400원
차돌박이	100/1,000원

밀가루류 및 양념

밀가루류 및 양념	중량 100g
국수	150원
밀가루	900원
녹말	150원
우동	300원
통깨	800원
참기름	700원
후춧가루	2,000원
정종	400원
된장	150원
고추장	200원
당면	300원
떡볶이떡	200원
오뎅	250원
달걀	1개/150원
소주	300원
수제소시지	900원
올리브오일	1,400원
모짜렐라치즈	900원
나쵸	800원
치킨파우더	400원
식용유	200원
우유	180원
소금	250원
흑임자	200원
설탕	120원
설탕시럽	800원
얼음	60원
들깨가루	500원
머스터드	400원
빵가루	200원
마요네즈소스	400원
두부	150원
고추기름	1,000원
커피가루	700원
버터	900원
혼합어묵	300원
부대찌개햄	800원
소시지	120원
베이컨햄	900원
베이키드빈	600원
떡국떡	200원
갈은햄	500원
고춧가루	800원

밀가루류 및 양념

밀가루류 및 양념	중량 100g
슬라이스치즈	250원
케찹	200원
가쓰오부시	800원
칼국수면	170원
칠리소스	700원
와사비가루	350원
식초	100원
매실액	900원
사이다	200원
겨자	400원
요리당	170원
찹쌀가루	180원
통후추	1,600원
흰물엿	200원
납작당면	1,200원
와인	700원
들깨가루	600원
만두	400원
김가루	200원
메밀국수	200원
막국수	200원
쫄면	150원
후리가께	200원
찹쌀	250원
팥국물	250원
녹두	1,000원

과일류

과일류	중량 100g
방울토마토	400원
토마토	300원
파인애플	1통/3,000원
사과	1개/400원
수박	500원
키위	400원
메론	400원
체리	1,000원
바나나	200원
잣	2,500원
건포도	200원
은행	300원
밤	900원
대추	800원
인삼	1뿌리/900원
배	1개/1,500원
땅콩	100/400원
수삼	1뿌리/700원
찹쌀누룽지	900원
황기	1,500원
엄나무	1,000원
검은찹쌀	300원
호두	8,000원
녹각	4,000원
생콩비지	300원

캔류

캔류	중량 100g
참치캔	800원
후르츠칵텔	250원
황도캔	1통/1,600원
조림체리캔	600원
파인애플캔	300원
오렌지주스	100원
햄캔	1,000원
번데기캔	800원
사골육수	300원
꽁치캔	1캔/1,700원